不再裝沒事，我允許自己不開心

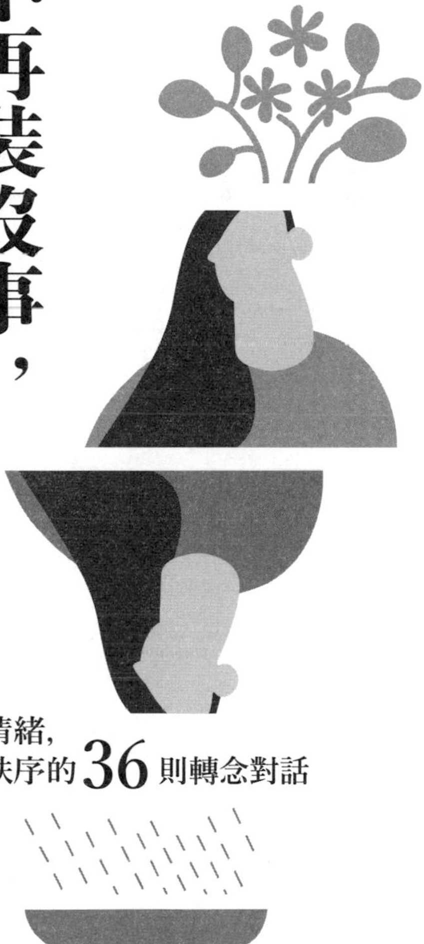

正視負面情緒，
還原內在秩序的36則轉念對話

高莉娟——著

第1章

壞情緒的祕密：發現負面感受裡藏著的傷痕

第2章

壞情緒的消解：深度清理錯誤思維裡的頑疾

第 3 章

好情緒的起點：守住界限來穩定內心的秩序

第 4 章

好情緒的持續：自由傾聽內驅力的指引

第 5 章

親密關係溝通：享受真情互動的滿足

第6章

正向感情建立：培養收穫幸福的能力

第 1 章

壞情緒的祕密

發現負面感受裡藏著的傷痕

負面情緒是正常的心理反應，沒有好壞之分，

重點在於我們如何對待它。覺察，是接受它的第一步。

理解負面情緒背後的真實訴求

歲月教我們如何接納自己

我有一個朋友小K。多年前，他將自己描述為一個「孤僻、自卑、傲慢、懷疑的男孩」，他的目標是成為一個散播「正能量」的男人。

但多年後的現在，他又說：「我現在很討厭別人說我正能量。我現在知道什麼都不是絕對的。」

貧寒、離異的家庭使他形成敏感的性格，可是現在我會在他寫給兒子的信中看到，他已經變換了想法，接受了自己所有的不完美。

正是隨著時間的流逝、更多經歷的發生，以及對自身的反思，他終於意識到：唯有接受自己的全部，才可能獲得真正的幸福。

尊重內心的負面情緒

很多人都樂於看到被好情緒充滿的自己，例如喜悅、開心等，討厭被沮喪、憤怒等情緒所籠罩。

實際上負面情緒是一個個訊息，借由它們，我們得以調整自己對待世界和他人的態度，並看到真實的自己。如果一味逃避或壓抑那些負面情緒，我們就會被衝突所左右，被細小的生活日常「撕裂」成碎片。

我們原以為逃離負面情緒會變得輕鬆、幸福，可是實際結果是帶來了更痛苦的體驗，讓這種掩耳盜鈴的事情停止發生吧！

我有個朋友最近經歷了憂鬱情緒。我問她發生了什麼，她把這幾天的事情講了一遍，我直覺地認為，她的憂鬱情緒和以下事情有關：

老家的表弟來她所在的城市出差，並打電話說過幾天要來家裡拜訪一下。

她很排斥這樣的事情，第一，她和表弟多年沒有聯繫，見了面也不知怎麼招待；第二，她很清楚表弟做的生意和她老公所從事的行業有很大關聯，表弟來家裡並不是看望她，而是想借老公開拓事業。

開拓事業也不是不可以，但作為親戚好像就有了特權：不必按照行規提前說定怎麼發展，收入怎麼分成。

但她不能拒絕表弟來家裡，甚至要收拾出房間給表弟住——家裡有四個房間，再去訂飯店未免讓親戚們認為見外。

她就這樣陷入了憂鬱中，每天萎靡不振，渾身無力。我跟她說：「如果你不喜歡，可以不讓表弟來家裡啊，至於生意的事，請他直接跟你老公聯繫不就行了？」

她說：「那不是很冷漠嗎？我平時一年回不了老家一次，本來跟大家接觸就少，人家來了都不見面，哪有這樣做姐姐的！」

我又說：「但他有覺得你是姐姐嗎？他要是當你姐姐、感情深厚的話，你早早就訂好餐廳，收拾好房間等他來住了，還會抗拒嗎？你說你冷漠，我倒覺得那是因被索取而產生的憤怒，這不是冷漠，這是捍衛自己好嗎！」

後來朋友推說小孩的補習班太忙，沒時間招待，請表弟直接和她老公聯繫。而她老公只和她表弟匆匆吃了頓午飯，而表弟也只要求她老公幫他找工作，再沒說別的。

事情過去後，朋友說她想明白了一個「道理」，那就是：接受自己對某些人就是很冷漠的事實，是很舒服的。以前她經常做著「冷漠」的事，卻又害怕自己是個「冷漠」的人。她深究原因發現，是她媽媽經常把親戚放在很高的位置，認為親戚的事情就是自己的事情，就算勉為其難也要去做。她認同了這一點，同時也擔心如果媽媽知道她沒有好好招待表弟，會埋怨她不懂事。她就這樣壓抑自己、滿足他人，而將自己推入了憂鬱情緒中。

現在她終於知道，接受負面情緒傳遞給她的訊息並尊重自己的感受，才是最人性化、最合理的方式，這讓她有真正活著的感覺。

在情緒裡發現真實的自己

很多人對憂鬱有著誤解和偏見，每說到憂鬱就會聯想到憂鬱症，畢竟憂鬱症是現今社會提及頻率比較高的一個詞。實際上憂鬱是每個人都有可能遭遇的一種感受，但不是每一個人都有「症狀」的表現。現實生活中我們也許會聽到這樣的話：

你看起來性格挺開朗／善解人意的，怎麼還會憂鬱／有負面情緒呢！

如果你是當事人，你聽到這樣的話有什麼感受呢？也許更沮喪，更憤怒，因為被人丟進了「不應該有情緒」的處境，你與那些否認你有情緒的人之間，隔著厚厚一層看不見的東西。如果你也否認自己的感受，責怪自己「為什麼別人都能高高興興的，我怎麼就不會呢」，那無疑會對你的心理產生更壞的影響。

因此我們需要懂得，負面情緒是正常的心理反應，沒有好壞之分，重點在於我們如何對待它。覺察，是接受它的第一步。

比如你感覺到了憤怒，這也許是出於你想控制別人而不得，此時你就知道「我應該尊重對方的想法和選擇」；也許是他人侵犯了你的界限，就像對方沒有經你同意就把你的照片上傳到網路一樣，此時你應捍衛自己的權利，告訴對方「我不喜歡，請你立刻停止這樣做」；或者像我的朋友一樣偶爾經歷憂鬱，她應該察覺了自己在多大程度上沒有在意自己的感受，反而去關注了別人。

有情緒並不代表我們自己是不好的，它只是向我們傳遞訊息，我們可以從中得知應該如何對待自己。

接下來我們需要進行積極的心理暗示。心理暗示說的是一種內在信念，根據「吸引力法則」，一個人的內心相信什麼，他就會得到什麼。比如你告訴自己「雖然我現在很難過，但我知道我有能力走出去，我不會一直這樣的」，或者「我會處理自己的情緒，沒有人比我更瞭解自己」。

心理暗示一定要是正向的、肯定的，而不是帶有否定詞語的，比如你可以說「我要快樂起來」，而不要說「我不會再悲傷」。

中醫講究一句話：「通則不痛，痛則不通。」這句話放到情緒的疏通上一樣行得通。有了負面情緒，不發洩、不表達，它就永遠堵在那裡；事情看似過去了，但是身體知道，它還在那裡，輕則引起心理不適，重則帶來身體的疾病。

發洩包括自寫自話，自言自語，或找朋友傾訴，以及尋求諮商師的幫助。在我諮詢的過程中，經常會有案主起初情緒激昂，但說著說著自己就搞清楚了事情的來龍去脈。有一個案主曾這樣說：「我還以為是別人把我氣到了，實際上是自己找氣受！」

每一種負面情緒的背後都有一個真實的訴求，比如有人喜歡拿別人的長處比自己的短處，或者看著別人什麼都好，自己卻一無是處。看起來他是在自我貶低，但他真實的訴求不過是「我想得到你對我全身心的關愛」，或「求求你，抱抱我」！當他看見並懂得自己嚴重被忽視甚至被虐待的悲傷，他也就不會再透過自怨自艾的方式來表達他的不滿、憤怒和委屈了。

◆ ◆ ◆

有一段話是這樣說的：如果你的處境充滿悲傷，那就容易被悲傷所觸動，但你本身並沒有這種悲傷；如果你的處境充滿恐懼，你就會被恐懼所觸動，但你並非生來就感到恐懼。在所有條件反射的背後，我們需要發現真實的自己。

「真實的自己」，看起來像一個哲學命題，但它是一個人的情感能否自如的基礎：他能夠清楚地感受到自己的情緒、情感或需要，可以接納自己所有的感受，也可以向他人和世界明確地表達自己。這就是真實。

和一個真實的人相處，哪怕他有各種各樣的缺點，你也會很喜歡他，這種喜歡表現的是人與人之間能量的流動，它能夠讓人享受到關係中的舒服和順暢。而一個不真實的人，哪怕渾身充滿了正能量，相處起來你也會覺得被什麼東西卡在了那裡，令人有想逃跑的衝動。因此，希望我們都成為一個真實的人，在自己幸福的同時也給他人帶來幸福！

◆從負面情緒中發現真實的自己

- 覺察自己的情緒，盡量探究它的源頭。
- 進行積極的心理暗示，告訴自己「我有能力處理好自己的負面情緒」。
- 透過合理有效的途徑發洩負面情緒。
- 學會表達負面情緒背後的訴求。

迷茫：對未來的期許會用「偽焦慮」綁架你

因為你不敢讓自己變得更好

小雲是一名小學國文老師，她的公開課評比獲選為市裡的模範名單。主任要她繼續參加另一項比賽，她的第一反應是受到了驚嚇，覺得自己不可能被選上，於是推辭說：「我不行，能不能讓其他人去？」主任笑了，安慰她說：「別人可沒有在模範名單中，只能你去！」

後來平靜下來，小雲覺得既然自己被選上了，那就好好準備比賽。但此時學校又決定讓其他人去參加另一項國文公開課比賽。小雲得到消息，暗自思忖是不是自己被替換掉了，主任還沒好意思告訴她，並開始後悔自己當初的推辭。她就這樣在煎熬中度過了一個星期，總是為一些不太可能發生的事情而擔心。

小雲的焦慮是一種「偽焦慮」，它的意思是「為不必要焦慮的事情而焦慮」。「偽焦慮」也許是這樣的：你擔心找不到好的工作，一輩子也不可能實現財務自由；你跟某個在乎的人互動，對方拋來一個你認為頗值得玩味的眼神，你擔心自己說錯了話，兩人的關係因此就淡了。

可是後來的事實證明，你進了一個還算滿意的公司，收入比剛進來時高了不少；雖然你感覺冒犯了對方，但對方並沒有疏遠你。很多令人焦慮的事情並沒有發生。

「偽焦慮」和正常焦慮的區別在於：是否是針對一件實實在在的事情。比如你的車和人擦撞了，你需要檢查有沒有人受傷，察看雙方的車況，協調怎麼解決，或打電話給保險公司。這一系列的思考和行為都伴隨著焦慮，但這是正常的、適度的焦慮。

但如果你一開車就想著今天會不會車禍，擦撞了該怎麼辦，或者你害怕出意外乾脆就不開車了。對開車這件事情的擔心就是不必要的焦慮，這就是「偽焦慮」。

有人說，容易感到焦慮的人都生活在「未來」。是的，被「偽焦慮」充滿的人總是擔心未來不是想像的那樣，擔心時間和環境變了，自己卻沒有變得更好。

拒絕外界強塞給你的焦慮

那麼，「偽焦慮」是怎麼發生的呢？

首先，事物的不確定引發了失控感，從而使人感到焦慮。人都需要安全感，只有安全感才會帶來放鬆和愜意，而安全感是透過「可控」來實現的。比如你渴了要喝一杯水，你的身體要能夠控制你的手去拿到那杯水；你需要媽媽的愛撫和充滿愛的眼神，你知道只要張嘴大哭媽媽就過來抱你了。

你能夠想像你想喝水卻不知如何使用你的手嗎？或者無論你怎樣哭鬧，媽媽呈現給你的都是一張面無表情的臉，你會有什麼感受呢？很可能是「這世界太可怕了」。而一個隨時可能發生意外的情況也是不可控的，人處於其中會感到很緊張。

我有個案主說，他在生活中唯一感到輕鬆的時刻，竟然是每天的通勤時間。因為去上班的地點是確定的，通勤時間多長也是心裡有數的，這樣小小的確定感會令他暫時從對工作的焦慮以及在合租住處內隨時可能被打擾的焦慮中解脫出來。

其次，外界環境的變化會引起人與人之間的比較。隨著社會的發展，每個人的出身不同、受教育程度不同、機遇不同，得到的發展也不盡相同。在你兢兢業業地工作加班的時候，萬一你的同事、朋友卻靠著都更獲得了千百萬的補償，你的焦慮很可能瞬間因此而生。你感覺自己很挫敗。

有個表弟跟我抱怨說，他的同學在首都的設計事務所已經可以獨立設計建築圖了，他還待在鄉下地方的設計事務所，做的還是描圖員的工作，這樣工作下去什麼時候才能當家啊！

沒有比較就沒有差距，沒有差距就不會有焦慮。

再說，有些焦慮是外界和他人強塞給我們的。網路無處不在，滑個手機隨時都能看到令人焦慮的資訊和觀點。有一次，我的朋友看到一篇文章這樣說：「你的存款有五百萬嗎？沒有你就是窮人，除了賺錢什麼也別想！」她說她看到這句話一夜沒能入睡，好像瞬間被剝奪了輕鬆活著的權利。

愈是與身邊的人比較，愈容易帶來焦慮，包括父母、伴侶、朋友等。有一個案主的媽媽總是嚇唬她，經常說「在外面吃飯會有傳染病」、「人家不理你就證明你笨，說話不中聽」，她就很焦慮，但又不知道怎麼改變，因為沒有一個明確的標準表明怎麼做媽媽才能滿意。她打算讓女兒就近讀小學，她的朋友又說：「那怎麼行？小學要上明星學校，你看大家擠破頭都要去某某小學呢！」

當你處於一個充滿焦慮的世界，想不焦慮是很難的。

化解焦慮六要點

當我們被「偽焦慮」填滿的時候，該如何緩解自己的焦慮呢？不妨從以下幾個方面去著手：

1 將事物具體化、清晰化

生活中你選擇做哪些事情？你做事的動機是什麼？是現實因素，比如不做事就沒飯吃，還是為了滿足他人的期待？或者純粹是出於興趣？這件事情用哪些方法可以做到，或做到什麼程度就可以了？很多時候我們焦慮是因為沒有將籠統的事物細分，事物愈具體、愈清晰，也就愈可控。

2 對於不可控的事物，放手是最明智的做法

對於不可控的事情，我們能做的只是安於當下，把手頭的事情一點一點做好，**無數個確定的現在，將會彙集成確定的將來**。從這點來說，安於當下就是最好的可控之法。

3 練就自己的標準和規則

我有位在廣告公司寫文案的朋友，一開始她摸不著這行的訣竅，總是失眠。後來她大量地寫，但是遵循三個原則：一是用自己熟悉的素材；二是不寫無感或不喜歡的產品；三是努力明白客戶要什麼。一年以後，她已經很有踏實感了。

人在行為、處事、思想等方面都不是一開始就成熟的，想要變得成熟，無不是經過大量的嘗試、挫敗與堅持。在這個過程中，將會逐漸練就規則和標準，哪怕與人合作，也要搞清楚對方的規則，這最終也會是自己規則的一部分，這會成為我們遠離焦慮的好辦法。

4 去行動

如果你既想換工作，又不願離開目前的公司；或是你既想去某個人少景美的地方旅行，又擔心那裡不是你想像的樣子，從而一無所獲。這表面上看起來是你不知道自己想要什麼，但其實是你害怕改變。因為在變化的過程中，我們會有很多機會看清自己想要什麼。沒有改變，就只能固守著一個點終日焦慮。所以才有人說，抵抗焦慮最好的辦法就是去行動。

5 看到自己的價值

如果你什麼都不做也會焦慮，因為有一堆需要做的事情等著你，那麼這種拖延就說明你看不到自己的價值，就是說你不知道自己能做什麼、喜歡做什麼、你是誰，你只是被環境或被他人需要著、要求著去做某些事，但這些都不是出於你的意願，你還沒有意識到要去拒絕。

6 把自己和他人分開，不背負他人的焦慮

當身邊的人總是向你傳遞焦慮的時候，你有不聽的權利，因為那只是對方的焦慮。**你需要用自己的思維去分析那些焦慮變成事實的可能性，然後堅定自己的想法，替自己負責**。

◆　◆　◆

適度焦慮是人類生存的正常狀態，可是「偽焦慮」卻會成為幸福的阻礙。我們需要做到在乎每一個當下，這不是說未來不重要，只是未來是透過規劃和行動到達的，而不

是透過焦慮的情緒到達。願我們都選擇做一個明智、不被「偽焦慮」捆綁的人。

讓我們正確地看待焦慮

- 人都會有煩惱，而煩惱是解決不完的。
- 行動愈少，焦慮愈多。反之，行動多了，焦慮也就相應減少了。
- 試著對不必要焦慮的事情放手，我們不會因此死掉，也不至於因此崩潰。

煩悶：生活的麻煩多少次讓你不知所措

想要享受生活，卻總被意外突擊

一個女孩對我說，下個月她要和朋友結伴去日本旅遊。這本是件美事，可她卻感到很焦慮，其焦慮來自訂機票和旅館這些瑣碎的事情。

機票在每個時段的價格不盡相同，每個航空公司的價格也不一樣；所訂旅館的位置既要方便觀光，也要方便購物，女孩便需要多方收集資料用來做最後的決策。女孩說，她在收集資料的時候感到很容易，即便資料很多很雜，也不會覺得有多麻煩，可是一旦要做決定她就很緊張，以致遲遲定不下來：「很多情況還都不知道就做了決定，這不行啊。」就是說：這個結果一點都不可控，這太可怕了！

原本是為了享受生活，最終卻給自己帶來了一堆麻煩。這讓我想到有個朋友想開瑜伽教室，她本人已經練了十年瑜伽，也在健身中心教過課，她有足夠的資格開一間屬於自己的瑜伽教室。但是她嫌租場地太貴，便把自己家三十平方公尺的平台改造成一個小型瑜伽教室，可又面臨著精力的投入，包括裝修的風格、暖氣和冷氣的設置等等，萬一招生情況不理想，她的投入豈不是白費了嗎？一想到這些問題，她就覺得頭大。

這樣的問題讓我覺得很有意思，因為有時候我自己也有這樣的困惑，明明很想做一件事情，但一旦真的行動了，中間卻有隔著萬重山的感覺。這萬重山到底是什麼呢？

如果替自己做心理分析，我想我會從這裡下手：什麼事情是想做或應該做，然後就去做了？沒有困難、沒有恐懼、不擔心後果地去做？我一邊想一邊記錄，總會有那麼一些事情是沒有任何困難就可以完成的，比如吃喝拉撒，或者每週在固定的時段與案主面對面。也就是說，形成規律的事情，無論生活還是工作，都是沒有困難的。

那麼什麼時候會做事困難呢？不屬於規律之內的事情會有困難，比如出差、旅遊，或做一件從沒有做過的事。然而現實總不會一成不變，總會有大大小小的意外擺在你面前，另外我們還會有一些不甘寂寞或「人往高處走」的想法，以致不能待在舒適圈裡結束一生。

將生活的麻煩轉為盡量多的可控

對於那些做起來困難的事情，我覺得有三點需要考慮：

❶ 想一想這是不是你真正想做的事情

在意識層面上想做，並不能代表什麼。比如我那個想開瑜伽教室的朋友，她跟我談及的時候表示非常想做成這件事，但她不願投入；既不願投入精力，也不甘心投入錢財，因為擔心投進去的收不回來。

當我問她，你開瑜伽教室的目的是什麼？她的回答是我喜歡啊。好吧，喜歡你就去做啊，去健身中心教學生啊，這不也挺好的嗎？然後她想了想又說，不對，我要賺錢啊。我說你缺錢嗎？她說不缺，但是誰跟錢有仇啊？好吧，她其實是在說，我想賺錢，但我賺不到也沒關係，反正我的生活不會有困難。這和她賺不到那些錢就活不下去完全是兩個概念。一個是不為了賺錢，一個是只為了賺錢，不同的需求所產生的動機是不一樣的；當內驅力比較小，意願卻很大的時候，只會產生衝突。

試想你餓了，選一家好吃的餐廳，或自己準備一餐，都不會覺得麻煩，因為想得到的那個結果（吃飽）對你來說更重要，此時的動機是強烈的，而且是內在的，這才是真正地想去做。除此以外，對那些「看起來很美好」的事情我們有必要想一想，那是不是我們真正想做的，以及我們想透過這件事獲得什麼。

2 恐懼又缺少方法，導致你猶豫不前

如果對一件事情的結果不能確定，做起來就會焦慮，這種焦慮會導致我們不願行動、做事拖拉，從而覺得生活很麻煩。

有個新聞說，一個農民不種地了，跑去市區賣涼麵，賺了許多錢。聽說的人覺得自己也會做涼麵，紛紛仿效，但不久之後就放棄了，因為這件事看起來很簡單，實際上卻是一門很費力氣的生意：手要快，多做多賣；嘴也不能閒著，要和顧客聊天話家常；同時還要飛快地算帳。

我家附近有個賣油條的，十年如一日，說的就是這種情況：老闆是夫妻倆，很年輕，算帳快、記性好、收拾衛生俐落、服務周到，遇有人多位子少的時候，老闆總能給客人找到適合的位子，還不會讓身邊人覺得不舒服。這就是方法啊，方法就是知道怎麼做——怎麼算帳更快，怎麼快速記住每個客人的特點以使知道他需要付多少錢，怎麼說話能讓人覺得更舒服。

很多時候阻礙我們前行的，是不知道事情會怎麼發展，也就是說，事情是不可控的，

一旦不可控，我們就產生了恐懼心理。但是不妨好好想一想，我們到底在恐懼什麼？

未來的事情都是不可預知的，比如說走路，普通人在走路的時候不會感到恐懼，因為知道腳應該怎麼邁出，又怎樣一隻腳一隻腳地進行替換，雖然接下來的路途是未知的，但怎麼邁步卻在人的掌握之中。怎麼換到做事上就不是這樣了呢？事情的結果我們不可預料，但如果知道做事的正確方法，心底的恐懼就會大大減少啊。

所以，與其說我們恐懼未知，不如說我們擔心不能獲得正確的方法。就像我的朋友雖然並不迫切地想賺錢，但這也不代表她就不能做好瑜伽教室，只要她懂得如何做宣傳，有了生源，哪怕付出再多也有得已回報的機會。

當我們被恐懼卡住的時候，不如試著把「不確定因素」轉化一下，**把盡量多的不可控轉化為盡量多的可控，把每一步的結果都控制在可承受的範圍內**，這樣我們就不再覺得麻煩，亦不會失去對快樂的信心。

3 覺得自己會被指責為「做得不好」

當我們內心存在一個質疑的聲音，比如「你做得不夠好」、「這是你能做的嗎」、「你不行吧」，這個聲音總是在挑剔你，哪怕你已經做得夠好了，卻仍然達不到這個聲音的要求，這種時候我們常常是很絕望的。

當我們總是被嚴苛、被挑剔，或得不到應有的回應和支持，我們就會限制住自己。這就是所謂「我們自己與自己的關係」。

本文開頭的那個女孩，當她對我說「什麼情況還都不瞭解就做了決定，這哪行」時，我的感受是，有人認為「我」掌握的資料還不夠全面，不夠精準，在這種情況下做出的決定當然也是不可取的。可能還有另外一種情況，因為同去的有好幾個人，萬一訂的飯店給其他人造成不便，或訂的機票不是CP值最高的，也許會受到埋怨。

是哪種情況都無所謂，別人總有不滿和埋怨的自由，問題是如果你把別人的不滿、埋怨和責怪當成「自己做得不好」，你就重新陷入了當初和父母的關係中，當初和父母的關係多麼令你恐懼、憤怒，你現在就有多麼糾結。

再退一步想，朋友、同事、老闆，大街上的陌生人，你真的打算要在與他們的關係中贏得一個漂亮的回合嗎？還是打算要他們承認錯待了你？其實，誰都沒有你想得那麼重要。

這樣想一想，會不會少了很多糾結？

◆ ◆ ◆

生活總是由無數的麻煩組成的。**麻煩不是問題，害怕麻煩才是問題**。麻煩是一種主觀感受，它的剋星是目的和目標感。當我們非常確定自己想要做什麼的時候，哪怕事情真的很麻煩，我們也會樂在其中。另外，我們需要看清自己的擔心是什麼，承認那些恐懼的存在，努力突破它，然後慢慢地，我們就知道要採取什麼策略了。

◆我們生活中因麻煩而生的三種情緒反應與應對方法

- **恐懼**：與麻煩相關的恐懼大多是由不可控因素導致的。可控的是安全的，不可控則意味著需要付出更多精力來應付意料之外的事情。應對的方法是，做好能夠做的，把未知的部分交給老天。當你攤開雙手、放鬆自己的時候，不可控就沒有那麼可怕。
- **拖延**：拖延發生的原因是看不到自己的價值。當你看不到屬於自己的能力，而只希望完成他人對你的期待或要求時，你會不自覺地推開不願做的事。對此最好的做法是，尊重自己的選擇，學會採取一些策略讓自己的選擇和他人的期待共存。
- **懶惰**：懶惰不同於拖延，懶惰也沒有好壞之分。當我們不允許自己懶惰的時候才會有麻煩的感覺。其實懶惰可能是由任務太困難導致的，也可能是因我們沒有養成某些習慣導致的。重要的是，不要太苛責自己！

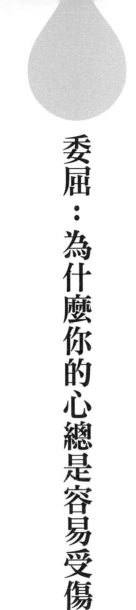

委屈：為什麼你的心總是容易受傷

委屈的具體感受是什麼

琳琳被一件事情所困擾：她有個同事小C總是跟她訴苦，她好心去安慰小C，到頭來卻變成了小C的「情緒垃圾桶」，這讓她感到很委屈。但是小C的確過得不容易，最近一件讓人感到委屈的事情就是這樣發生的：

公司主管在開完晨會後問了一句：「大家對於工作時間的安排還有什麼要說的嗎？」小C說：「我的工作後續需要別的部門協助，但別的部門同事都只顧著自己……」主管大手一揮：「好了，別說了！」然後轉頭又問其他人：「還有什麼要說的嗎？」其他人表示無異議，於是散會。事後小C又去找琳琳，說主管多麼不近人情。琳琳聽得很煩躁，更多的卻是委屈，心想主管不近人情跟我有什麼關係，憑什麼我要承受這些？

生活中每個人都會有自己的委屈，但對有些人來說，委屈的感受可能更強烈一點，委屈的次數也會更多一點。委屈的字面意思是：受到不應該有的指責或待遇，心裡難過。委屈並不是一種基本情緒，而是痛苦、悲傷、憤怒等情緒的綜合反應。

當一個人受到委屈的時候，他會認為這個世界不公平：我本不應該被這樣對待，我好恨對我不公的那個人，我希望可以讓他發現到自己的錯誤，或為此受到應有的懲罰；但我不想、或我不敢跟他正面衝突。

為什麼受委屈的總是你？

我們不妨來討論一下，是什麼原因讓我們感覺自己受到了委屈。

❶ 委屈是一種主觀感受，不同的人有不同感受

我有個案主，她說她老公非常「冷」，不苟言笑，還經常從一件事扯到不相干的另一件事。比如她說：「你發那麼大脾氣幹嘛？」他會說：「我趕著去忙啊！你沒完沒了

地糾纏，我得去賺錢啊，房子該繳貸款了，你去繳嗎？」

每當這種時候，她就會感覺他是高高在上的，而自己沒本事，只能待在家裡做些家事，還被他看成是理所當然的。她覺得很委屈，心裡像堵了塊石頭一樣難受。

這源於她父母經常向她灌輸一個觀念：你婆家的條件好，我們不如人家，你嫁過去是會受氣的！不知不覺她也就認同了父母的說法，多年來把自己放在卑微、受氣的位置上，對方一旦態度不好，她自然就聯想到對方是高高在上的，而自己只配受委屈。

說白了，是她心裡有「傷」，她討厭被瞧不起，當別人不小心碰到了她的「傷」，她就會感覺很痛。如果換一個在這方面沒有「傷」的女人，聽到她老公說那樣的話，她也許會說：「噢，我耽誤你了，你趕快去忙吧，我們回來再說！」要不會說：「你再急也不能跟我發脾氣，否則下次要你好看！」

你瞧，同樣的話會引出不同的反應，就看你把注意力放在對方言行的哪個點上。有時你感受到的委屈，只是自己傷痛的外化。

2 有個心理學術語叫「投射性認同」，即誘導別人以不公的方式對待你

上文提到的琳琳同事小C，在晨會時被主管當眾奚落，她覺得委屈從而向琳琳訴苦稱主管不近人情。事後琳琳透過主管助理得知，主管「不近人情」是因為當他問大家對於時

間安排有何異議時，小C並沒有「按要求答題」，而是說起了自己的難處——別的部門同事不配合自己。由於時間緊迫，主管只好打斷她，以致她認為自己受到了不公平待遇。

這讓我想到另一名案主，她承認自己不分場合地「話多」，也常因此激怒身邊的人。別人愈是制止她「別說了」，她愈是擔心別人沒有聽懂自己的意思而一遍遍重複，她也因此一次次遭受別人的厭惡和白眼。事後她常常委屈地掉眼淚。

她對自己的心理模式有多無意識，她的處境就多麼令人同情。究其原因，首先是她個性中的依賴心理，再來就是父母從不給她確定感，比如她提一個要求或問一個問題，父母充耳不聞，她就很害怕，不知道父母答不答應或不知道他們有什麼意見。她為確保自己是安全的，就用重複的方式去求得他人的回應，大有一種「你不回應（其實是她自己不確定）我就一直說」的態度。

他人如何對待我們，往往是我們誘使的結果，我們投射，他人認同。如果我們投射的是自己不接受的那個層面，他人在認同過程中會感到被利用和操縱，然後他人的情緒就被啟動了。被情緒控制的他人自然不會公平友好地對待我們。

3 沒有界限，不能保護自己

每個人都是有心理界限的，能清楚意識到自己界限的人，會生活得很舒服。但有一些人，在成長過程中沒有被好好地尊重過，他們會認為，不被尊重才是常態。

什麼是尊重呢？就是你的東西我不動，你不想說的話我不問，你不想做的事我不干涉。它承認一個人是獨立存在的，任何人都沒有權力去侵入他的心理空間。尊重也是後天習得的，沒有人教過你，你就不會尊重自己，也不會尊重他人；這相當於說，你對自己的心理界限沒有清楚的認識。

每個人的界限不同，有的範圍大，有的範圍小；有的生硬，有的柔軟。無論它是什麼特質，只要你有界限意識就好。怕就怕你對界限很茫然，當別人手腳伸得太長，已經越過你的界限了，你只是感覺不舒服，卻不能明確地表達出來。這個時候你只能憤怒或委屈，一如我的朋友琳琳對小C無限制的傾訴行為的反感。

假如你有清楚的界限意識，就能很好地保護自己，你會對待你不公的人說「請你停止」，或者「我不允許你這樣對我」。那麼對方就能意識到他自己的錯誤，及時在你的界限前停下腳步。

是時候讓自己從委屈中走出來了

❶ 正向看問題，走出「受害者」陷阱

人常說的吸引力法則，指的就是有什麼樣的深層觀念，就會吸引什麼樣的事情到自己身邊。我們沒必要認為自己很可憐很痛苦，我們也沒有那麼重要，以致旁人故意跟我們過不去。遇上事情，多去體會積極的一面，想想自己已經擁有了什麼，又從「不好」的事件中收穫了什麼。只要不把自己當成「受害者」，我們就有機會感受到不曾留意過的正能量。

❷ 帶著善意與人溝通

善意並不是討好，不是對方喜歡聽什麼就順著他去說。「善意」是指不帶攻擊性地把事情搞明白，重點在「具體」。比如對方說：「你這件事做得不應該。」你可以問：「你覺得哪裡做得不好，能說具體一點嗎？」或者說：「我應該怎麼做才好呢？」如果對方不能回答，那麼他可能也不清楚怎麼做才算好，你也就沒必要認定是自己做錯了。如果對方說得條理清楚，你便有了機會去思考並學習他的處事能力了，這對你來說未必不是成長。

③ 及時內省

這一點最重要。受了委屈要及時內省，要明白是溝通不暢所致？還是自己太敏感、太脆弱所致？有時本來對方沒有那個意思，自己卻覺得對方是故意針對自己。也許對有些人來說做到這點有些困難，那麼你可以向專業人員求助。

委屈源於對自己的不瞭解

對於經常遭受委屈的人來說，小部分是由外界環境或他人造成的，這點比較好解決，良好地溝通，然後努力去做就好。

我們大部分的委屈都源於對自己的不瞭解，很多內心的真實意圖都存在於潛意識中，而沒有機會「浮出水面」；再者，意識和潛意識往往是相反的，往往是，你愈注重什麼，內在愈缺乏什麼，我們也就不能看清真正的自己是什麼模樣。

所以，成長是一輩子的事情，有句話說：「這世上沒有大人，只有假裝已經長大的小孩；或者已經長大、但無法完全相信這一事實的小孩。」也正是因為沒有長大，才總是主觀體驗到不美好的感受。如果我們知道，**成長的終極目標是面對現實生活能做到游**

刃有餘，我們一定會不負生命的期望，一直努力行走在變得更成熟的路上。願我們心想事成。

◆和我們的委屈對話

- 委屈是一種主觀的不公平感，當委屈感來襲的時候，我們有必要思考是不是對他人的期待過高了，覺得他人有義務理解或滿足我們。
- 我們的內心要強大，當他人的要求或環境的規定不合理時，並不代表我們自己的想法毫無意義，我們最好想方設法「悄悄地發展自己」。
- 時刻觀照自己的內心，學會愛自己並努力滿足自己。

孤獨：冰封關係，始於冷漠的心

熱情如火，也會被冰冷的關係澆滅

朋友傳訊息跟我說：「好不容易放個假，我老公在外面沙發上躺著玩手機，他爸媽看電視，基本上誰也不跟誰說話。好可怕的家庭！我現在也不想和他們交流了，下班就待在我房間，休息時就帶小孩出去，能用一句話說清楚的絕不用兩句話。」

我看到後渾身發冷。我想我能夠理解，在他們五個人組成的家庭中經常會發生些什麼。

正是這位朋友，當初歡天喜地地嫁給她老公，那個男人長著細長的丹鳳眼，有著瘦高挺拔的身材，怎麼看怎麼玉樹臨風。不僅如此，他還擁有一手好廚藝。婚後幾年，兩人的感情漸漸不那麼和諧，主要原因在於，她覺得老公在人際交往上過於退縮，他和同事、朋友在一起時還好，一旦跟她回娘家，基本上是大門不出二門不邁，她家的親戚他一個也記不得。她感覺自己嫁了一個「假人」。尤其近幾年，她公婆因為家裡拆遷沒地方住，不得已跟他們一起生活，老公與公婆的相處方式她看在眼裡，感受在心頭，窒息在每一個毛孔。

也許有人認為，這樣的行為很正常，畢竟是一家人，平時沒必要那麼客套，有事說事，沒事就自己忙自己的。這個說法沒錯。但我覺得有兩點需要說明，一是假如只有我的朋友在整個家庭的關係中感覺不舒服，那有可能是她對感情的需求濃度過高；二是假如每個人都覺得不舒服卻無法被意識到，只是感覺「家是個冷冰冰的地方」，從而不願回到家裡，或者即便在家裡也很少與家人互動，那麼這是個值得認真思考的問題。在此，我只想探討後者是怎樣一種狀況。

我記得在某次動力性成長團體活動中，我所在的團體有個成員A分享了她自己的經歷：

小時候我每次放學回家，我媽都在忙她自己的事情，沒有人跟我打招呼，我也沒養成像日本電影中人們回家時都會說聲「我回來了」的習慣，我不知道為什麼要上學，為什麼放學後又要回家，總之我有一種「到哪都不是目的地」的感覺。那個時候我知道自己很不舒服，但我認為別人家也一樣。直到我長大結婚，生了小孩，才發現我和老公、小孩的互動恰恰延續了我媽的做法，這讓我很害怕，我每天都生活在莫名的恐懼中，自己卻不知道如何改變。

A在當時對我們說了一個新鮮的詞：**冷漠症**。她說這是她自己發明的，但我們都知道她在說什麼。

什麼是「冷漠症」？我認為它包括以下幾個方面：不喜歡與人待在一起；就算和人在一起也仍然耽於自己的事情；哪怕無事可做，也討厭被打擾（中斷當時的心理狀態）；真的獨處時，卻會有恐慌感，似乎感覺不到自己的存在。旁人和一個「冷漠症」的人相處，會很鬱悶；如果自己本身就很冷漠，也會覺得世界充滿了雜念和雜訊。

我曾有一名案主，她來找我的原因是「總覺得胸口悶得慌」，我問她發生了什麼，她傾訴最多的是她和老公之間冰冷的關係：她問他事情，他不搭話；她追著他問，他就走到另一個房間；每次吃飯，他只洗自己的碗。

起初我以為，是她老公從原生家庭裡帶出來的冷漠影響到了和她之間的關係，後來隨著瞭解的深入程度，我發現她的冷漠更多一點，比如她老公晚上應酬，她從來不問他幾點回家（雖然她內心也有隱藏的憤怒）。表面看來，她作為妻子很寬容，從來不查老公的勤，但對老公來說，他感覺到的是她從不需要他。因此他常常反問她：「你總是說我冷，難道你就不冷嗎？」

很多時候我們總以為是對方冷漠，但也許，對方的冷漠也有我們的參與：也許對方本不是個冷漠的人，但在長時間的相處中，我們把他變成了一個冷漠的人。也或許，我們原本是熱情的，但對方的退縮和游離使我們覺得「算了吧，多說無益」。

冷漠是源自於被傷害過的悲傷

有時候當我陷入沉思，仔細釐清那些讓關係變得冰冷的細枝末節時，我發現總有一個繞不過去的「節點」，那就是我們害怕被指責、被拒絕、被誤解、被驚嚇，也就是「被傷害」。

客體關係認為，每個人的人際關係是其早年內在客體關係的延伸，小時候與他人之間互動的感受會影響到他與其他人之間的互動。比如：

小時候的你說：「我想吃糖。」你爸說：「吃什麼吃，牙都爛成那樣了，難看到不行！」

你媽覺得你長大了，應該讓你做點力所能及的家事，但你把房間搞得一團糟，她便埋怨你「笨、不機靈，隔壁家的誰像你一樣大的時候都會自己泡麵了」。

你媽把照顧家人當成一件不得不完成的任務，她做飯不好吃，還硬逼你吃，你只好說不餓，然後她就開始委屈了，覺得她為你付出那麼多你卻一點都不領情。

你爸媽出去逛街從來不帶你，他們嫌你老是提很多要求，並不想滿足你，時間一長你就得出一個結論：和父母共同行動絕對是場災難！

父母是我們生命中最重要的人，我們和他們之間的相處方式極大地影響了我們與他人的相處模式。其實決定我們是否被傷害的，絕不是父母能否滿足我們的要求，而是他們與我們互動時惡劣的態度和語氣——蠻橫、無理、粗魯、不屑。我們隨之的感受便是羞恥、內疚、無價值等等。這是莫大的傷害。如果我們總是被傷害，我們就傾向於逃避。

有一個詞叫作「強迫性重複」，說的是當我們最恨一個人，長大後我們偏偏會變成他的樣子，我們會用他對待我們的方式去對待別人。這與其說是在漫長的歲月中我們深刻地認同了他，不如說這是我們保護自己免受傷害的做法——既然人人都帶著武器，我們為什麼不帶？

也許，我們不該再憎恨自己的冷漠，而應看見自己的悲傷，意識到多年來我們一直是孤獨的一個人，對抗著外界的親密與接觸，哪怕那是善意的。是的，我們首先應該為過去受到的不公平待遇感到悲傷，隨後我們才會懂得，那不是我們的錯。可這也不代表我們需要將那冷漠繼續保存，因為它是具破壞性的。

在雙向的情感裡不再孤獨

我想透過一個小故事來說明，我們可以用怎樣的方式重建與他人的連結，以讓自己溫暖與充實。這個故事是我參加家長會的時候聽老師說的。

老師說，某班的學生Y國文成績每次都是年級第一，她透過詢問家長得知了Y平時都是怎麼學習國文的——每天放學後吃完飯，Y躺在沙發裡，爸爸幫忙按摩太陽穴和眼睛，媽媽在旁邊讀經典名著，每天如此。Y非但國文成績永遠是年級第一，她的眼睛也是標準視力，不像有的小孩一樣早早就戴上了眼鏡。

這個故事一講完，在家長會上引起廣大反響，很多家長雖然很讚嘆Y父母的做法，但也有不少家長直接表示，自己是做不到的，要不是工作忙、時間不允許，要不就覺得，這也太寵小孩了！

我倒覺得，Y父母這樣做並不是為了小孩的成績，而是他們已經習慣了用這種方式相處，國文成績好只是這種方式的自然結果。或者起初他們是為了尋找一個學習國文或保護視力的方法，而用這一種方式去互動，讓大家都很滿意。

很多時候，小孩成績的好壞是不能強求的，但作為父母，我們可以選擇透過某種方式，帶著愛，去主動為小孩做點什麼。一來可以讓小孩感覺到他不是孤單的，二來我們很難說在主動去做的過程中，我們自己沒有收穫什麼。

◆ ◆ ◆

情感是雙向的，如果我們曾經是一個冷漠的人，我們就需要變得勇敢一點，這個勇敢包括兩個方面，一是勇敢地把自己身上的刺去掉，外界對我們就多了一份容納；二是勇敢地投入關係，學會忘記那些無心的傷害，畢竟當有人傷害我們的時候，他本身也是一個曾遭受傷害的人。這樣一想，我們對他就多了一份憐憫，而不再是憎惡。

願我們每個人都不再孤獨，在關係中活出充實的自己。

◆讓我們活出溫暖的自己

- 明確能夠讓人獲得充實感的，不是優秀的成就，而是良好的關係。
- 接受人和人的差異性，當他人的想法和做法與我們不同時，要抱著探究而不是責難的心態。
- 我們被傷害的時候，要把受傷的感受說出來，而不是逃避，假裝它沒有發生、繼續討好；也不要帶著很多情緒去攻擊。
- 真實的關係最能夠滋養人，時刻反省自己有沒有做到真實。

自責：羞恥感是讓你不斷墜落的深坑

當人經常被否定，會發生什麼事？

我的案主L，是個固執且不做任何決定的人。

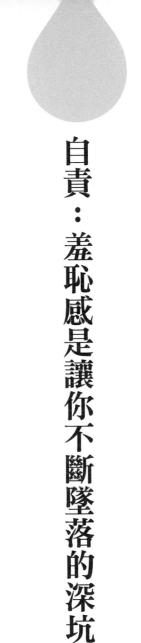

比如她在一家店裡買了一套內衣，回來後發現上面有一團黑的東西。雖然她明白那可能是在機器製作過程中留下的瑕疵，但仍是不放心，想要拿回去換。所以問題也就來了：如果去換的話，店員可能會嫌她沒事找事，或告訴她內衣一律不准退換；如果不換，又擔心會有傳染病（雖然她認為這種可能性很小，但也不是沒有）。因此她就把換不換內衣這個決定丟給她老公，可是老公給她任何一個建議，最終她都不會滿意，繼而把責任推到老公身上，告訴他：「你給我出錯了主意，都是你的錯！」

類似的問題她也會帶到諮詢室來詢問我，我不會替她出主意，只是和她一起探討哪個決定會帶來什麼可預料的結果。有一次我們一起討論她要不要買某種減肥貼片，我問她買了會怎麼樣，不買又會怎麼樣時，她說：「我媽會對我說，我早就告訴過你那藥不管用，要是管用大家不都買了嗎？所以我不敢買，怕白花錢不管用；但是不買的話我又不甘心。」

我說：「買了，就甘心了，畢竟那是自己想做的事情。就算沒用，外用的減肥貼片也不會有什麼副作用，而且那個錢你也完全付得起。媽媽沒必要因為『不管用』而責怪你。再說，你不告訴她，她怎麼可能知道你做了什麼事情，然後再去貶斥你呢？」她很崩潰地說：「你不知道，就算我不告訴她，我自己也會責怪自己做了錯事！」

我恍然大悟，瞬間明白了之前我們一直探討的有關女性貞潔的問題，為什麼遲遲不見進展。好幾次L對我說，她認為自己一切不幸的根源就在於婚前和她老公發生了關係，老公的家庭條件她不滿意，卻又不得不嫁給他。所以她非常恨他，用她的話來說便是：「他既然給不了我想要的一切，為什麼還要和我發生關係呢！」（言外之意，是老公做錯了。）

我一度試圖去調整她的認知，讓她意識到現在不是古代，女人對於兩性關係的看法也有必要隨時代而變化。可是她卻拿明星當例子，來向我證明即便是容忍度較高的現代社會，大眾仍脫不了謾罵當事女性的思維。然後她問我：「這難道不能說明婚前發生關係就是做錯了嗎？」

於是我們有幾次的工作內容就變成了講道理。雖然也有講通的時候，但過了兩週回來，她的看法就又變了。那時我覺得，自己的工作方向是不對的，但一時又找不到出路。直到買減肥貼片的事件出現，當她說「就算我不告訴她，我自己也會責怪自己做了錯事」時，我意識到她是在告訴我，無論她做任何選擇，都是錯的，錯了就該被指責，如果別人不指責她，她也會自責。

所以她不做任何決定，卻又因不能決定而遭受痛苦。她把決定的權利交給別人，自己則安享被決定的命運。如果被決定的哪個事情結果不如她意，她會控訴或埋怨他人，認為都是別人導致了她的後果。如果有人告訴她「你沒有錯」，她不會相信，反而引經據典，與人展開辯駁。她的智商很高，她會把對方駁得精疲力竭、舉手投降，忍不住大呼「好吧我錯了，你是對的」。就這樣，她用拚命證明「我錯了」的形式，成功證明了自己的錯誤。這就是L的人際互動模式。

◆ ◆ ◆

面對L的固執和不肯做任何決定的做法，我經常陷入沉思，思考在她身上到底發生了什麼。

毫無疑問的是，從小L的父母就不接受她的任何負面情緒，每當她表現出不滿或焦慮時，她媽媽總是會皺著眉、捂著頭說：「別說了，我頭痛。」這個時候爸爸就會說：「你看你，又惹你媽不高興了。」

媽媽容不得L說謊，每當她覺得L的話有出入，就會試探性地一直提到那件事。L對我說：「你不知道，那種試探就像針一樣，每過一會兒就扎你一下，沒有停的時候。」這也讓我深刻理解了L的某些認知，她固執地以為所謂的誠實就是實打實的實話，不論那些實話是不是適合當時的場合。

她媽媽本人也是個非常焦慮又充滿恐懼感的人，她會把一件事情想得無限糟糕，以點帶面，就像在宣紙上滴了一滴墨，慢慢地整張紙都被染黑了。

總的來說，L的主要關係充滿了被否定的意味，而這種否定原本是來自她媽媽將太多自己不能接受和恐懼的東西投射到L身上去。所以在她媽媽眼中，L說什麼、做什麼、想什麼都是不對的，同時也並沒有表明什麼是對的，這使得L經常以辯駁甚至狡辯、發洩的方式挑戰人的底線，以尋求某種認可，從而建立界限讓自己感到安全。

羞恥感如何阻礙了我們的發展

L的感受可以總結成兩點，第一，負面情緒不允許表達；第二，羞恥感過強。很難說這兩點是不是在交互作用：表達負面情緒本身就被認定是羞恥的。而羞恥感過強，個體又會承受更多負面情緒，比如憤怒、憂鬱、焦慮，這在行為上會表現為自我攻擊和攻擊別人。

羞恥感是這樣一個惡性循環：過多負面情緒指向「我不好」——我想要更好一點——但我覺得自己不配——攻擊自己——我更加不好。

一般來說，羞恥感有三個來源。第一個部分是人生來就有的，是人類特定的，它與性有關。

第二個部分是被人投射到身上的。比如L的媽媽因為自己內心有太多不被接納的部分，又從不允許它們被訴說，就只好將其投射到無辜的L身上。

第三個部分是他人的無界限行為給自己造成的糟糕體驗，比如被粗暴地對待，包括言語羞辱和對身體的折磨，以及不經允許就公開自己的隱私、侵入私人領地等。

撇開生來就有的那部分，在與媽媽的關係中，後兩種傷害L全中了。但是客體關係理論也指出了，一個人曾遭受怎樣的對待，他也會怎樣去對待他人。L不止一次地問我：「你會不會被我搞瘋，不再跟我做諮詢了？」我回應說：「我很好奇你為什麼這麼說？」她說：「我身邊的人都這樣評價我，他們不喜歡跟我長期待在一起，我也很討厭自己這樣。」

我很理解，L的人際關係很單薄，她幾乎沒有朋友，在與同事的相處中，她總是擔心別人會怎麼看待她。她渴望擁有美好的關係，但她與人互動的模式又常常給人造成壓力——她會不自覺地使對方覺得自己不夠好、不配、很糟糕，總之她想透過關係將自己遭受到的無價值感再讓別人遭受一遍，以博取深深的理解。於是在她的現實生活中，愈是親密的人，愈是容易痛罵、指責她，或者以跟她吵架的方式來緩解自己的憤怒。

是時候丟掉消耗自己的執念了

固執，或稱某些執念，無一例外是和他人的關係帶來的。執念也會限制我們向外的發展。它是一種負擔或束縛。其中最重要的一種執念是：我不夠好。一旦認為自己不夠好，什麼都不配，不配過上好生活，不配被愛，不配有價值，人活著還期望什麼呢？

除此之外，「不配」的感覺還會消耗前進和發展的動力。我們都希望輕鬆地活，盼望好結果，希望未來會更好。但什麼是輕鬆和期待呢？它是指我知道自己有哪些不好和不盡人意的地方，但是無所謂，我會和那些不好和平共處，因為它們都是人性的一部分。

和平共處有什麼不好？你好我好大家好，活著最重要的就是開心嘛！

那麼，如何與「我不夠好」的執念和平共處呢？換句話說，如何能夠不讓羞恥感破壞生活和自我發展呢？

1 識別自己的羞恥感容易在什麼狀態下產生

人在無力保護自己的時候會感到羞恥，在被指責的時候會感到羞恥，或者在被曲解又無從辯駁的時候會感到羞恥。這種時刻分辨得愈精細，愈容易澄清許多羞恥都是不必要的。

2 意識到自己是不是真的感到羞恥

很多情緒和行為容易掩蓋羞恥感，比如憤怒、憂鬱，攻擊他人和自我攻擊的時候。但為什麼會產生這些情緒呢？有可能和別人侵犯或被不公平地對待有關，比如被偷窺了，不完美的身材和無傷大雅的怪癖讓你覺得顏面掃地、心生羞恥。但應該感到羞恥的其實是偷窺者，而不是你。

3 某些羞恥感是與生俱來的，沒必要也不可能全部抹去

一定的羞恥感會讓人嚴格要求自己，從而取得更好的成績。從這方面來說，它等同於羞愧，羞愧的補償行為就是對有所羞愧的那一方面具有「上癮性」——愈覺羞愧便愈是要求自己要做得更好。

4 很多羞恥感本是外界強行套到自己身上的

對此最好的反擊就是「還回去」。比如父母（或其他重要的人）對一些發生在你身上、而從他人看來並不那麼羞恥的事情緘默不言（或用一些奇怪的表情、動作、手勢等將其掩蓋過去），你因此也認同了那是羞恥的。但應該感到羞恥的是他們，而你並沒有做錯什麼，為什麼要承擔那份羞恥呢？

如果你能清醒地意識到，自己的羞恥感是怎樣讓自己產生「我不夠好」的執念的，那麼你會對自己羞恥的狀態有所掌控。掌控就是我知道它是怎麼發生的，我知道我並沒有做錯什麼，我也知道有些羞恥並不屬於我，我沒必要大包大攬替人承受。

這種對自己的掌控能夠很好地讓你免受羞恥感襲來的折磨。你能夠很好地消化它，

也就沒必要讓它蔓延到外界去，以影響你與世界、他人的關係了。

◆理解我們的羞恥感是怎麼產生的

- 羞恥感是一種很隱蔽的情緒，每個人身上都或多或少存在。正常的羞恥感不會影響人的社會功能，還可以用幽默巧妙地化解掉；而過多的羞恥感則與被虐待、被羞辱以及他人的投射有關。
- 仔細分辨羞恥感的來源，思考我們經常用以應對羞恥感的方式是什麼，還有沒有更好的解決辦法？
- 當我們沒有做錯什麼卻依然感到羞恥的時候，應支持自己將不屬於自己的羞恥感「還回去」。

第 2 章

壞情緒的消解
深度清理錯誤思維裡的頑疾

我們會意識到自己想要追求幸福，
但潛意識中的我們都是在追求自己已經習慣的既定模式，
無論那是不是好的。

你的人生不是命中註定的死局

突破你既有的心理模式

我們都會意識到自己想要追求幸福，但潛意識中的我們都是在追求自己已經習慣的既定模式，無論那是不是好的。這是致命的誘惑。

我的朋友越越跟我說，她被人拉去聽了一場名人演講，這位名人是位女性，很年輕，有很多響亮的頭銜。這位名人的生活和工作一般是這樣的：早上四點起床，晚上十一點結束工作，即便在嘈雜的人群中也能迅速進入忘我的工作狀態，休息時間則用打太極拳的方式增加體能。

越越說，名人就是名人，她能感覺到這位名人的生命力是那麼旺盛，精力那麼充沛。她也想擁有那位名人的生活和工作方式，讓自己高效運轉起來，而不是像現在這樣做著枯燥、半死不活的工作，拿著微薄的薪資。

我和她說：「那你就去啊，你不用早晨四點起床，六點起床就足夠了，四十分鐘用來做早餐、吃早餐，八點上班，你還有一個多小時的時間可以掌握。」

她說：「時間擠一擠都會有，但是我要用那些時間做什麼？」

我說：「你的英語不是學得很好嗎？你不是打算考翻譯證照嗎？趕早不趕晚。」

她說：「這個提議蠻好的，但是我總有一個很隱隱約約的想法，我覺得我不能這麼勤奮，這樣很可怕你知道嗎？」

後來我們就這個問題聊了很多，她終於說出，只有「笨人」才需要勤奮，勤奮也代表著「不是那麼聰明」，既然不聰明，就不會取得多麼高的成就，她很害怕自己努力了一番最後效果不理想，那不就更證明自己的確很「笨」嗎？所以她一方面很想去有效率地學一下有關英文翻譯的課程，一方面又有一股力量在阻止她那麼做。這些想法搞得她很難受。

如果說真有什麼力量在阻止她做想做的事情，那也只是她自己，因為她正經歷著一種致命的誘惑，那種誘惑隱而不發，祕而不宣，很多年來她都不曾察覺。

我問她，「只有笨人才需要勤奮」，這種想法是怎麼來的？你是在說全世界有頭有臉的人都很笨嗎？因為人家都很勤奮。她說，那不一樣，對方已經成功了就不算「笨」

了。她想了想又說：

我記得小時候我爸經常說「聰明的小孩不需要努力，成績就會很好」，我也是不怎麼用功學習的學生，成績也還可以。但是後來讀大學甚至工作以後，我發現整個需要學習的系統根本不再是小時候的那種學習方式，我心裡一下子沒了把握，又不敢太努力太勤奮，這個狀態真是讓我蠻抓狂的。

因為擔心自己太努力了，萬一得不到意料中的結果，就不再是一個「聰明小孩」了，所以乾脆不努力、不勤奮，這樣的話即便沒有多少成績，至少不會讓自己崩潰。

好吧，有時候我們非常渴望的事物不是誘惑，我們不曾察覺的心理模式才是誘惑。

一再重複的情緒模式

我的案主F，她經常被吃飯問題搞得筋疲力盡。原因是她認為自己不能照顧自己，只能求得他人，比如媽媽、婆婆、老公、姑姑，做飯或訂餐給自己吃。她的理由很充分：

我不喜歡吃自己做的飯；餓了不馬上吃就會吐；吃得不舒服也會吐；有時候我光想想「吐」這個字，也會吐；我不能允許自己吐，因為吐了會控制不住地渾身發抖，那太可怕了！

所以吃飯這個事情使她不能離開家，不能離開可以照顧她的人。但她對生活環境又非常不滿意，她想到一個陌生的地方重新開始她的工作和生活，可每每燃起這個希望，某些限制性因素又會狠狠地將她打回憂鬱狀態。

曾有一段時間我對她充滿了憤怒，因為我們總是在意識層面上玩「思辨遊戲」：我努力讓她接受我的說法，但她有一百種理由讓我認為自己的觀點不足信。後來我意識到自己的反移情，原來在她的生活中，她就是這樣被迫接受「別人以為正確」的觀點的。人人都想改造她，想讓她按照自己認為對的方式去行動。而且她媽媽是個絕對不能接受負面情緒的人，一旦她表現出任何害怕、焦慮、頹廢的情緒，媽媽的反應要嘛是厭惡、不屑，要不就是也被嚇到的樣子。於是她的情緒就沒有了宣洩的出口。她由此發展出的信念是：有情緒是不好的，甚至因自己的利益受損害而產生的發洩行為也會遭報應。

由此可知，她的「吐」代表了什麼：不好的東西一定要吐出來。當情緒沒有出口的時候，胃就代替了發洩的功能。

在她的生活中，「不被理解」是一個主要模式。這像一個咒語，一再使她做出不被理解的行為。比如她認為自己嫁得不好，一生都毀了，她常因此覺得委屈、憤怒，卻又不敢公然表示什麼，只好在父親面前痛哭。她祈求父親能夠可憐她，至少可以安慰她一下。以前她生病都是父親帶她去看醫生的，但是那一次，父親非常厭惡和惱火，大概是父親實在不清楚她想要什麼吧。但是父親的反應又印證了她的信念：我都已經這麼痛苦了，你還一副冷漠的樣子，我就知道你們不會對我好！

似乎，不敢表達要求，只能用痛哭的形式發洩不滿，就是為了完成一個模式——這個世界沒有人可以理解接納我！

「沒有人可以理解接納我」，這種凍寒的感受從早年就被植入了她的內心，雖然這種感受很不好，但是它很熟悉，所以之後會被一再重複。重複是因為，熟悉感是一種誘惑。

脫離熟悉感的誘惑，開展新道路

熟悉的東西帶給人安全感。因熟悉而進行的自動選擇有一個別稱，叫作「命運」。

當你說「我命不好」的時候，也許會有一種深深的無力感充斥你的內心，外部世界也會因不好的暗示而給你的生命帶來嚴重阻礙。於是你愈發認定自己命運不濟，也懶得去抗爭些什麼。

在我看來，一個人身處的環境並不是理所當然的命運安排，往往是對待環境的無意識態度，才導致了生活中的困苦。當我們懂得自己的心理模式或內在信念是什麼時，我們就漸漸遠離了那種致命的暗示，新的可能性也就展現在面前了。

如果你問：「如果我找到自己的內在模式是什麼，就能夠改寫自己的命運嗎？」多數情況下是這樣的。人的無意識是個很神奇的存在，它無時無刻不在努力地幫助人們適應環境、發展自我。但它需要被理解、被看到。當你能夠準確地理解它，這本身就是一種能量，這種能量會給你的意識帶來靈光一閃，讓你瞬間開悟。

一如本文開頭提到的越越，她意識到看起來是「聰明」限制了她，但其實是她害怕和事物真正去連結，害怕將自己真正投入事物中，因為她沒有這種正向的體驗。隨後她恍然大悟，原來勤奮的含義指的是「有目標、有興趣，從而持續投入精力」這樣的一個過程。當她意識到這一點的時候，她很興奮，很自覺地改變了一些行為方式，比如她買了一批床邊系列英文名著，配合錄音每天早上聽四十分鐘。

如果你說：「我理解了自己的內在模式是什麼，但還是不能做出改變。」那麼極有可能是你理解得不準確，或者你深信自己太弱小，不想承擔改變帶來的痛苦和責任。就像我的案主F，她的內心有太多恐懼，那些恐懼像四面不通風的牆將她緊密而嚴實地包圍，以致她看起來是個成人，但恐懼卻讓她一直停滯在孩童時期。

有一個詞叫作「幻想式崩潰」，它帶來的感受是這樣的：「我一輩子也就這樣了」、「事情沒法辦」、「還能怎麼樣啊」、「等我過完這個生日／過幾天／做完這件事就去死」，等等。我們因為崩潰的體驗而不敢對生活有任何期待，也不敢對生活進行任何探索。

我很想說，人都是一體兩面的，比如陰和陽，現實和幻想，物質和精神，意識和無意識。我們不能只揪住一面而忽視另一面。就拿現實和幻想來說，**實踐是在現實中的通行證，如果沒有實踐，整個人會掉入幻想中，這也是恐懼的來源**。

如果我們對自己多一點信任，哪怕戰戰兢兢地將一隻腳跨出舒適圈，也許就離今後的開疆闢土不遠了。在這個過程中，我們的自我價值感會被一再確認，這又會反過來增強自己的勇氣。

◆　◆　◆

因此，當我們想說「我的命不好」時，不必相信這個謊言，要相信自己的真實存在。想一想從此刻開始，**我能夠為自己做點什麼？我有什麼？我怎麼利用已有的資源？我可以承擔的方式又是什麼？**如果你肯換個看待問題的角度，也許現狀就變成了實現自由的雙翼。

◆當我們發現總是事與願違時，試著

- 找到我們的內在模式是怎麼運作的，比如我們的信念，或我們通常是如何應對困難的。
- 從實踐開始，改變不合理的信念或模式，想想可以為自己做點什麼。
- 不要因為改變太小而否認這種成功，相反地，要及時獎勵自己。獎勵的內容應是自己真正認同和喜歡的。

集體思考的枷鎖正在反覆拖累你

不可理喻的道德判讀

很早以前聽朋友講過一件事情，她的某個客戶又哭又鬧地跟自己當保全的前夫離了婚，然後嫁給了一個銀行經理。這個客戶再婚以後又生了一個小女兒，老公每月交給她生活費，每週回家兩天，週末和節假日都待在前妻那裡，逢年過節也依然帶著前妻和前妻的小孩回老家。這個客戶再婚以後的生活可謂不那麼美滿。

所以，我的朋友就由此得出一個道德判斷：賺錢只能靠自己，想透過婚姻獲得錢財，是不會有好下場的。

難道，只要嫁給一個經理就一定是圖他的錢嗎？婚姻不幸福就一定是「心術不正」帶來的必然結果嗎？

在網上看見一篇文章，說一個女孩和一個男孩戀愛八年未走入婚姻，於是女孩向男孩索要「分手費」八十萬，男孩並不是富有家庭出身，拿不出這筆分手費，付了二十萬以後就再也沒有跟女孩聯繫過。女孩憤憤不平，在網路上貼出她的遭遇，並痛斥男孩的不負責任。

還有一個讀者留言給我說，她媽媽總是勸她生第二胎，還說一定要生個男孩。關於生不生第二胎這事，她老公和她婆婆沒有發表過任何意見，只有她媽媽在不停地叨唸。這讓她很煩躁。她媽媽這樣告訴她：「鄉下人怎麼可能不重男輕女，你要是不生個男孩，小心你老公有外遇，我勸你生是為你好！」

這個讀者說，平時她和媽媽的關係很好，但只要一提到第二胎，她就免不了要和她媽媽吵架，雖然她知道媽媽不會害她，她也知道生不生第二胎是她自己的事情，可還是控制不了自己的情緒，為此媽媽罵她不知好歹，她說媽媽惡毒，母女關係因此急轉直下。所以她很困惑地問我：這到底是怎麼回事？

釐清被灌輸到內心的觀念

很多時候，我們不懂得進行個人化的思考，不敢堅守自己的陣地，而是自動把集體的、大家的觀念當成是自己的東西，從而快速做出價值或道德判斷，並以此批判別人或以此標準去行事。

當我看到《榮格文集》的時候，其中一段話讓我有一種清明在躬的感覺。它說，集體的態度阻止我們對一種有別於主體心理的心理進行瞭解和評價，因為具有集體取向的心靈除了借助投射方式之外，無法以其他任何方式來進行思考和感覺。

這句話是說，如果你發現自己很容易、很快地就做出了價值或道德判斷，那你應該好好去覺察這到底是你自己的個人經歷導致如此，還是你對集體觀點的一種認同。

比如，和當保全的丈夫離婚再嫁經理，這種人就是為了錢而結婚，這樣的婚姻註定不會有好下場，這是真的嗎？這種觀念是怎麼來的？幸不幸福、滿不滿意只有當事人才知道，外人是沒有資格去批判的。

比如，女人戀愛未修得正果，就是浪費了青春，以後就「不值錢」了，這種觀念是誰灌輸給你的？請問你談過幾個八年的戀愛？你怎麼知道以後不會遇到更好的人？只有把自己放在低下的位置才會想到以分手費作為賠償，不然，從未覺得自己失去了什麼，又怎會想到應該得到賠償呢？

再比如，關於重男輕女這件事情，對於上面那位讀者的媽媽來說，到底是女兒的婆家真的重男輕女，還是她把自己重男輕女的觀念投射給了女兒的婆家？從那位讀者的留言看來，婆婆並沒有提到生第二胎，只是媽媽自己很在乎生不生男孩，所以才一再勸女兒生第二胎，以防女婿出軌。媽媽把這種自己不能承受的焦慮扔到了女兒身上，美其名曰「為你好」，女兒認同了，才會不堪重負。這大概是女兒所說的煩躁的原因吧。

命運其實是個謊言

生活中我們對某些事情總會有自己的價值判斷，它們來得快而迅猛，主宰著我們的頭腦，好像我們不是自己的主人，它才是我們的主人。

沒有背景的年輕女孩開了輛BMW或奧迪，會被說成「釣凱子」；花很多錢買了個不起眼的東西，會被評價為「笨，被騙了」；職場一帆風順，一路升職，這是「有背景」；家庭婦女十年如一日地操勞最後被拋棄，這是因為「活該，誰叫你不思進取」；不能說別人壞話，哪怕再恨那個人，否則「會遭報應」……

在許多事情中，我們並沒有親歷的經驗，卻一點都沒有少做判斷。那到底是別人的看法，還是自己的體悟呢？那是集體的偏見，還是個體的盲從呢？

集體的態度很多是禁不起推敲的，比如面對青春期的小孩早戀時，老師和家長的態度一貫是摒棄和打壓，可是早戀這個問題真的如洪水猛獸嗎？你是因為自己吃過早戀的虧，還是因為大家都在講「早戀是不好的」而排斥早戀呢？

集體的態度只能透過投射的方式在人群之中「蔓延」：我是這樣認為的，那麼你肯定也是這麼認為的，你要不是這麼認為，那你還會怎麼認為呢？

這其實也是一種固執：我認為你是怎麼想的，你就一定是怎麼想的，至於你可能會有其他不同的想法，我不理解我也不打算理解，因為那太花力氣了。這不是固執，還能是什麼？

如果你有很好的思考力，你就會逐漸發現集體態度的本質，就是蠻橫、固執、偏頗。

從集體思考中走出來

我有個朋友，她跟我說，自己最討厭她父親和她爺爺那樣的人。什麼樣的人呢？用她的話說，就是「倚老賣老、不聽勸、總覺得自己是對的、自動過濾別人的意見和建議、控制欲極強」的人，形象說得很鮮明。這樣的人丟失的是思考力，你原本也不能指望生活封閉、年歲漸長、不讀書看報、甚至大字都不識幾個的人會有什麼思考力。

那麼，一個高學歷、生活環境相對開放的人就一定會有思考力嗎？並不見得。如果他從沒有「把自己從集體的態度中拎出來」的這種意識，多問幾個「這是真的嗎」，以及思考自己「如果不遵從集體的態度，我害怕的是什麼」等一系列的覺知，思考力和學歷、生活環境也不會扯上多大關係。

所以我們一定要警惕自己快速的「價值和道德判斷」，**如果對一個事物快速做出了反應，就要去覺察這到底是我自己的結論，還是被集體的輿論所帶動的**。假如自己並沒有類似的經歷，那就只能抱著一種「我什麼也不知道」的敬畏之心，思考「我到底從哪裡接受了這樣的觀念，又是誰給我灌輸了這些」，從而把自己與他人分別開來。

這其實是一個解決「我是誰」的問題的過程。

如果我們努力這樣做，我們就知道如何看待一些事情，並對自己的觀點保有篤定感；如果我們努力這樣做，我們會時刻對自己保有覺知，會愈來愈清楚地知道自己是誰，哪怕生命有限也值得了。

如果沒有這種覺知，那我們就只能淹沒於集體當中，以別人的頭腦為頭腦，以別人的行動為行動，行屍走肉般地度過一生，誰又能證明自己是活過的呢？

◆讓我們擺脫他人希望自己成為的樣子

- 提煉自己的感受，並相信、尊重這種感受。
- 設身處地地理解他人。
- 懂得「理解不代表認同」，承認他人想法的合理性，但這不代表自己也會持相同的觀點或按這個觀點去行動。
- 多讀書，多思考。

自視醜陋的人看不到自己的價值

你不必承受他人的定見

在某期的兩性節目《愛情保衛戰》中，男嘉賓埋怨妻子是潑婦，且愈來愈醜，他不知道娶這樣的老婆到底有何用。然而妻子哭訴說，自己一個人帶小孩，上廁所都得抱著；老公在家只顧著打遊戲、玩手機；假日就出去玩，基本不顧家。有嘉賓指責妻子對老公太挑剔、要求太多、數落太多。

朋友看了以後既憤憤不平，又有所懷疑，於是在社群上問我：「你說女人婚後變醜，到底怨自己還是怨老公？」這個問題乍看挺好回答的，當然是怨那個沒擔當又渣的男人了！

可是仔細想一想，我覺得女人自身也有不可推卸的責任，甚至責任更大一些。為什麼呢？因為身體是你自己的，容貌是你自己的，心情也是你自己的，即便由於伴侶的成見，比如他抱定「女人就應該帶小孩、做家事，男人就應該被伺候」這樣的大男人主義思想，為了不讓自己勞心勞神從而容顏憔悴，你也有義務去告訴他自己的界限，進行溝通。如果溝通失敗，要嘛你接受他的行為和他的思想，要嘛漂亮地轉身離去。

婚姻是怎麼讓女性變醜的

從生理上來說，成年至結婚前的女性最有魅力，這個階段的女性皮膚緊緻，滿臉膠原蛋白，渾身充滿了活力，對異性具有強烈的吸引力。隨著時光流逝，女性步入婚姻，她們的「野心勃勃」漸變為安心順目，魅力也就跟著下降了。根據這個原理，如果女性保持自己的「野心」，比如寄情於喜歡的工作，有個可以激發活力和擴大社交圈的愛好，多讀一些明理明智的書籍，大可以將魅力保持得更久一些。

從心理上來說，女性認為結婚後獲得的安全感會導致身心極度放鬆，身體迅速發福。與此相對的還有缺乏安全感，比如無論客觀情況是什麼樣，有的女性真的認定自己很醜，也害怕被評價為醜。她們覺得醜是不能被原諒的，且對此誠惶誠恐：醜了伴侶就會覺得討厭，甚至離開自己。

從社會關係上來說，伴侶給不了支援，工作之外女性需要自己帶小孩、做家事、處理所有家庭瑣事，她們沒有心情也沒有精力照料自己，任由自己蓬頭垢面、穿衣隨便。

婚姻讓女性看不到自己的價值

什麼樣的女性算得上真正的醜女人呢？並不是外表看起來不怎麼樣的女人，無論相貌、皮膚、體型、穿衣風格如何，假如一個外表不怎麼樣的女人，她很快樂很生動，很有活力，這樣的女人其實算不上多醜。

倒是那些眉頭緊鎖、面無表情、苦大仇深，時刻耽溺於自己的缺失裡，固執、敵意重、受虐感強的女人，哪怕她有漂亮的外表，別人也不會覺得她美。

在另一期《愛情保衛戰》中，二十四歲的女孩抱怨男友「以前承諾的都沒有實現」，比如結婚——現在都還沒見過雙方父母；比如「我會對你好的」——現在寧可跟朋友出去玩也不陪她；比如要求他跟自己回家見父母，他不同意，還曾在電話裡對未來岳母出言不遜。女孩當初可是頂著父母的壓力才留在男友的城市的。

也許很多人都覺得男孩太過分：他說謊，對老人粗魯，還不願意陪女友。但導師卻對女孩說：

你知道嗎？他看不上你！什麼情況下一個人會看不上另一個人呢？就是當另一個人覺得自己是沒有價值的時候。你不在乎你母親，你要是在乎她你就不會在男朋友吼了她之後還要一心嫁給他；你也不在乎你自己，因為你只想孤注一擲地把自己交給他。這種情況下你說「我是為你留下來」，他是感覺不到的，也不會為之動容。所以呢，你要活得有價值一點！

這話說得真好。**女人活得有價值，別人就無法認為她沒有價值，也會在乎她、看重她**。如果把這份在乎和看重遷移到婚姻中去，婚姻就是一種滋養，被滋養的女人怎麼會醜呢？

什麼叫活得有價值？就是指一個人覺得自己最珍貴，沒有人可以代替她，她也不需要透過別人來實現自己的價值。像上面那位二十四歲的女孩，她在沒有為將來做任何規劃的情況下，就孤注一擲地把自己託付給男友，讓男友替她負責；對生活不滿意，就怨男友不陪伴，卻從來沒想過自己可以做些什麼。如果她不改變現有的思維模式，將來進入婚姻，成為怨婦的可能性是很大的。

怨婦是醜的。她既不獨立，又很容易控制，還會不自覺地「犧牲」。但她的犧牲並不是心甘情願的，她會把犧牲當作籌碼，認為自己理應得到更多的回報。這是一種補償心態，當補償未完成的時候，她的內心是委屈、不滿甚至憤怒的，表現於外在就是喜歡指責、埋怨、挑剔、嘮叨。試想這樣的女人會帶給別人什麼感覺？別人難道不會覺得她面目可憎嗎？

同時，當她以要求補償的心態與伴侶互動時，伴侶會恨不得逃得遠遠的，不溝通、不回應，甚至出軌。這時婚姻就成了一個人的獨角戲，而不再是「合夥」。本該由兩個人承擔的變成一個人承擔，又一輪新的指責、埋怨、挑剔、嘮叨隨之到來，怨婦就變得愈來愈醜了。

滋養婚姻，從看到自己的價值開始

❶ 不要自責和內疚

承認自己的能力是有限的，做不到或做錯了的時候，學會安慰自己而不是苛責。該讓別人承擔的，就讓別人去承擔，不要把不屬於自己的責任放到自己身上來。一點一點地嘗試去面對自己內心的恐懼，當你的恐懼愈來愈少的時候，你就能接受事物本來的發展走向，而不會靠自責來幻想改變事物，也不會靠內疚去和旁人進行連結。

2 愛護自己的身體

保持身體健康和美好的外表很重要，但也不要因此過度擔心自己的魅力正在減少。女人在任何年齡階段都有獨特的美，盡可能地做到自律，並像媽媽照顧小孩那樣照顧自己。在這樣的過程中，你一定會感到自己很珍貴，不會允許別人隨意對待你。

3 暗示自己你很棒

露易絲．賀在《啟動心的力量》一書中這樣說道：「**如果你輕視自己，就是輕視創造你的力量**。」是啊，輕視自己很容易，只看到自己的劣勢和缺點也很容易，但不要忘了，從某種程度上來說，你來到這個世界上，也是自己或受某種神祕力量的影響而做出的選擇，這種神祕力量在榮格心理學的體系中被稱為「母親原型」。如果你心向「她」，你就不會覺得自己毫無價值，你來到這個世界自有你的使命，能夠找到並試著去完成使命的人，一定是很棒的。

4 尋找一切可能的資源來支持自己

一切可能的資源包括家人、朋友、同事、主管，甚至陌生人。不要害怕求助，也不必覺得欠了人情，你的請求如果在別人的能力範圍之內，也許別人很高興幫助你。支持與被支持其實是情感的連結，人在情感流通的情況下，會感到被看見、被尊重，這非常有利於自我價值感的提升。

5 接納自己的一切

曾經有讀者問我：「會有人覺得又黑又胖算美嗎？肯定不會啊，別人都不能接受，自己又怎麼能接受呢？那不是騙自己嗎？」

我覺得這位讀者搞混了一個因果關係：不是因為別人不能接受所以自己不能接受，而是因為自己不能接受，才以為別人也不能接受。如果你實在不能接受自己的某個缺陷，可以為此做點什麼；**如果不能改變客觀存在，那就從多方面考慮，改變自己的認知**。當你能夠接受自己的不完美時，你表現出來的是自信，你的不完美就會後退為「背景」，這樣的你何嘗不是一抹獨特的「風景」呢？

◆ ◆ ◆

女人的美與醜不只在於外表，更多的在於由內而外散發的氣質。英國心理學家雅基·馬森在她的著作《愛自己的人自帶光芒》中說道：「愛自己的人自帶光芒，別人的認可、欣賞、尊重是吸引來的，而不是乞討來的。」一個人「自帶光芒」，必定是她從內心認定自己配得上所有美好的事物，她有很高的自我價值感，亦懂得**只有愛自己，才能得到別人的愛，也才能去好好愛別人**。

願我們每個人都告訴自己「你最珍貴」，只有這樣，我們才能擁有美滿的婚姻和舒適的關係。當我們對自己和生活都很滿意的時候，這種滿意比任何化妝品都更能讓你容光煥發。你還會擔心自己醜嗎？

◆讓我們找到自己心中的一抹美景

- 看到自己的長處，並時刻銘記於心。
- 丟掉「受害者」思維，勇敢地接納他人傳遞出來的善意。
- 不允許他人用惡劣的方式對待自己。

向內審視，方能擺脫外在框架的限定

無盡追尋的迴圈正在消耗你

過於意識化的選擇會讓我們離想要的愈來愈遠。在諮商室中，圓圓訴說著自己對生活的不滿：她的生活充滿了憤怒、急躁和慌亂。她想讓自己變成一個怡然自得的人，覺得這樣就能幸福了。

但實際上，當她面對一個真正的怡然自得之人時，她會被對方身上自帶的光亮給「照沒了」——這源於她的羨慕卻得不到。

她說：「我總是以為，想要變得怡然自得，就得有好的物質條件，這樣才能想做什麼就做什麼，所以我就拚命工作賺錢，但這樣很耗心力，令我很不滿意，愈不滿意愈對怡然自得有渴望，愈渴望愈覺得自己得不到，就這麼陷入迴圈裡面無法出來。」

想必這樣的「迴圈」很多人都遇到過，愈是重要、美好的東西愈要追，卻愈追愈遠，顯得南轅北轍。

真正的選擇是卸掉內心的框框向內看

一個五歲的小孩，他的本能是「我要馬上吃到那塊巧克力」，他一般不會說「我要馬上完成老師指派的作業」。

一個青春期的小孩也許會說「我要考上頂尖大學」，他可能早就忘記了他的本能是好好玩一場遊戲，或瘋狂地看小說看到天昏地暗。但是這項本能並沒有消失，只是被隱沒了。

在面對紅綠燈的時候，無論大人還是小孩，都有「我想馬上到什麼地方去，我才不管路上有什麼阻礙」的本能，但我們都能有意識地選擇去遵守交通號誌，因為我們知道：遵守規則，規則就會保護我們；無視規則，規則就會懲罰我們。

然而現實生活中有太多事情，如果我們強調「選擇」，就會離本能愈來愈遠。很多時候，我們沒有檢驗過那些所謂的「選擇」是怎麼來的——是從本能出發的自發性選擇，還是聽信了他人的思想觀點而不假思索地用到自己身上。

「選擇」和「本能」之間的運作方式也是有規則的，打個比方，如果本能是一隻淘氣、無賴、自由自在的小貓，那麼「選擇」應是適合這隻小貓的生活方式：你得給牠準備溫暖的小窩，或在門上挖一個洞以方便牠進出；而不是為了防止牠走失，把牠拴在某個地方，或將牠關在鐵皮籠子裡。

假如有太多人告訴你，養貓就是為了抓老鼠，貓是「奸臣」，誰對牠好牠就跟誰走，貓身上太髒不能跟牠太親近，等等，一旦你認同了這些觀點，那麼你已經失去了養貓的樂趣——你怕貓走失就把牠關起來，你怕貓把細菌傳染給你就離牠遠遠的。你不自覺地按照某些被灌輸的「框框」去對待貓，你養貓是為了高興還是為了痛苦呢？

如果你對某事物的選擇依據了本能，那麼這個規則就能好好保護你甚至助你一臂之力；如果你違反規則行事，無視自己的本能，那麼這個規則將成為你的牢籠，你愈想自由，就愈無法掙脫。

那些怨氣、憤怒、驚慌、急躁，正是心靈被困住之時的外顯反應。

內心的選擇沒有好壞，只有允不允許

原本對生活焦躁的圓圓最近在工作上遇到了麻煩，她想換個工作環境，卻又被各種擔心所限制。她迫切想明白自己想做什麼、適合做什麼，這樣工作對她來說才不是一種耗竭。

「耗竭」這個詞聽上去像魚因池塘的水乾涸而死，像一架機器吸收大量能源，產出卻少得可憐。

我和圓圓就這個問題談了很多，最終圓圓得出這樣一個結論：雖然工作是為了賺錢，但是為了賺錢而消耗自己也挺痛苦的，既然工作必須得做，那有沒有讓自己可以舒服一點的方式呢？

我想到了這樣一個情境，這個情境是圓圓曾經提到過的：大家都在忙，只有我一人閒著，雖然我的工作已經做完了，但我閒著也很不舒服，因為此時我對自己有一個不好的批判——我不幫助那些還未完成工作的人是不對的！

不如再延伸一下：原本歲月靜好的週末，我可以不去公司、不逛街、不陪小孩，只是待在陽台上澆個花、看本小說，但我覺得很急躁同時也很空虛，仿佛還有什麼未完成的重要之事，我不能安下心來感受周圍的暗香浮動。

此時我對自己的批判是什麼呢？也許是「我沒有資格享受，因為我還沒有達到某個標準」（比如沒有賺到足夠的錢，還不夠優秀等）。這個「標準」就是讓人提著一顆心久久不能落下的原因，而人卻常常忘記去思考這個「標準」的存在有幾分道理。

我曾聽一個朋友講過小時候的一件事：

我考試拿了八十多分，剛好是我生日，所以對爸爸說想要一包巧克力當禮物。結果爸爸說：「考八十多分還有資格吃巧克力嗎？」爸爸這種打壓式的語言一直跟著我到長大；最後我不敢享受生活，同時以高標準要求自己，永遠認為自己不夠優秀，而不夠優秀也就更沒有享受生活的資格了。

可是，人都有追求想要事物的權利啊，這跟考多少分是沒有關係的。父母可以說「我不願意買巧克力給你」，但卻不能說「你沒有資格吃巧克力」。**很多時候我們認同了父母或他人的信念，這個信念就是我們在潛意識中為自己設置的框框**。

框框是我們可以享受當下的死敵，因為框框是標準，而標準是限制，一如把展翅翱翔的鷹關進房子裡，哪怕這房子是一座豪華的宮殿。

回到圓圓的問題上來，既然想要過得舒服，就不需要對自己有任何批判。當她說「我希望自己能夠怡然自得，但是我還沒有足夠的成就可以怡然自得」，「沒有足夠的成就」就是批判，就是框框。她把因果關係搞反了，應該是：先允許自己怡然自得，然後才是取得成就。因為取得成就或變得優秀的最終目的，是為了可以得到幸福。

有人說，幸福的人大多沒有多少成就，而取得大成就的人一般是不幸福的。從某些方面來講，這話非常正確。因為幸福的人對成就或優秀不感興趣，他們只對生活本身感興趣，他們對待成就或優秀的態度不過是：我先過好我的生活，然後抽個空有成就一下。

對優秀存有執念的人，會認為「成就」是怡然自得的前提，他們在取得成就前有多苛刻自己，取得成就後就仍然有多苛刻自己。就像一個窮人拚命賺錢，貪婪的習性使他即使賺再多錢也會覺得自己是個窮人。

讓自己獲得舒適，是我們的權利

放棄苛刻，就有了怡然自得的可能，無論是不是已經取得了成就。比成就更重要的是快樂，況且快樂和成就並不矛盾，快樂地取得成就和痛苦地取得成就相比，前者更貼近我們的本能。

把不適合我們心靈發展的過往思想或信念斷捨離吧，你要知道有些框框原本是不存在的，是社會和他人向我們灌輸的，雖然這些灌輸的內容並不都是錯誤的，但要分清哪些對你有益，哪些正在束縛你。

就像穿衣服，別人扔給我們什麼衣服，我們就穿什麼衣服嗎？生而為人，我們有權利挑選那些我們覺得好看的、適合的衣服來配自己。我們不要放掉這個權利！

◆讓我們聽見自己內心最真實的聲音

- 每一個對自己苛刻的人，內心都有一個嚴厲且情緒化的「父母」。要知道，不想做什麼或做不好什麼，極有可能是不喜歡或還沒習得有效的方法。這不代表你錯了，因此需停止自責。
- 聽從內心的指引，並為此行動。
- 告訴自己：你配得上所有美好的事物。

接納平庸的自己，活出不落俗套的人生

不能接納自己的不好，易顯得俗氣

有讀者私訊給我，說了這麼一件事：

我去市場買了一條魚，我覺得挺新鮮的，回家後老公說我買貴了，另外一家魚店同樣的魚比這便宜了三分之一不止，然後還諷刺我說：「就你傻，不騙你騙誰呀。」我也覺得自己挺傻的，難道就因為我不常去市場，不知道菜價，就隨便唬弄我嗎？我氣不過，拿著魚去退掉了。魚店老闆也沒說什麼，就是用一副輕蔑的眼神看我。我又覺得自己白白打扮得那麼光鮮，內在斤斤計較的市井氣還不是襯托了我的俗氣？心情壞得不得了。

我回覆說，買了貴的魚就代表自己傻嗎？這個認知是怎麼來的？至少魚是新鮮的啊！我想，這個讀者也許在內心認為，被騙的人不僅不值得同情，還很可恥。她對那個給她帶來恥辱的人充滿了憤怒。為了扳回一局讓自己好受一點，她選擇去退貨，然而這種斤斤計較的舉動又引發了她更深的痛苦。

這件事讓我想到某個朋友的同事，大家對她的評價就是「很俗氣」。起初她在一家設計事務所做文書工作，漸漸發現身邊的室內設計師們的收入是她的好幾倍，於是又去學室內設計專業，碩士一路讀下來，文憑和年齡倒是長了不少，但是工作中仍頻繁出錯。當有人指出她畫的建築圖不合規範時，她的回應一般是：「我認為就是這樣的啊！」如果有新進公司的同事請教她技術上的問題，她的反應則是：「這麼簡單的事情還需要問嗎？」會議中如果有主管批評她所在的部門扯了後腿，她一般也是先澄清自己，表明「我沒有問題，有問題的是別人」。她的許多做法和觀念給她的同事們帶來種種不適，可是大家又無法準確描述那些不適，只好籠統地評價她是一個很「俗氣」的人。

她內心也許是自卑的，但表現出來的卻是自大，或某種優越感。她擔心別人瞧不起她是一個半路出家的設計師，於是拚命增加自己的含金量，努力給別人一種「我很優秀」的印象，同時又隨意貶低他人。但她的「用力」以及「刻意」反倒使她變得俗氣。

也許她並不清楚，正確表現自己價值的方式應該是接納自己，從現實情況出發認清自己是否適合以及喜歡所從事的工作，而不是以「這個工作很體面」或「這個工作收入高」為標準，努力使「活」的自己去適應「死」的事物，並錯誤地認為機械性地投入時間和精力，就會理所當然地使資歷和成績水漲船高。

過度在意是否合於社會標準，亦流於俗氣

某次和幾個朋友一起吃飯，結束時大家都搶著結帳，其中有個朋友就不高興了，她說：「不就買個單嗎？好像誰結帳大家就欠了他，什麼時候你們都變得這麼俗了？」事後這句話讓我想到了很多，好像我們內心都或多或少有一些標準，符合這個標準時我們就是「可愛的」，不符合這個標準時，我們就認為自己不夠好。

年少時，我們只需顧好自己的成績，交幾個志同道合的朋友，不必在意太多別人的看法。那時的我們充滿了仙氣和靈氣。當我們年紀漸長，需要承擔的內容愈來愈多時，我們就需要與這個世界保持愈來愈多的合作，我們變得不得不在意別人的看法，按大眾的標準調整自己的行為，或社會認為什麼年紀應該擁有什麼資源，我們就努力去獲得。但有的時候我們根本不知道為什麼要去獲得，只知道大家都有，所以我也要有。

也許我們走得太快，離我們自性的那個東西愈來愈遠，於是自性就在我們的生命中踩了個急剎車——焦慮的症狀出現了。我們因焦慮而變得計較得失，拚命抓住擁有的，獲得不了就自怨自艾。也許我們就是這樣一步步變得俗氣的吧！

當我們和所謂俗氣的人相處時，我們會有不舒服的感覺，因為我們觸碰不到真實的他，無法跟他進行情感上的交流，只能靠「面具」互動；而如果我們覺得自己很俗氣並為此痛苦的時候，那一定說明了，我們沒有或不敢有自己的堅持。

比如有個女孩跟我說，她為了讓媽媽高興，帶媽媽去買漂亮的衣服。在兩件衣服中她拿不定主意，媽媽卻說哪件都行，然後她就買了其中一件。回家後有親戚看見說那件衣服太花了，媽媽就有點不高興，碎念著「早知道就該買另外一件」，女孩聽見了，心裡非常崩潰。

接受自己真實的不完美，從此與俗氣絕緣

首先我們應該清楚，大眾和社會要求的標準未必適合每一個人，所以我們不必按照那個標準去行事。社會的期望畢竟是期望，我們沒有義務做到完全滿足。

就像父母期待我們成為一個優秀的人一樣，父母所謂優秀的標準只是他們自己的想

法，難道每個人不應該為自己的想法和願望負責嗎？

怕只怕我們已把父母的想法和願望內化成自己的想法和願望了，而我們真實的自我從未被看見。我們壓抑那個真實的自己，並調節自己的言行以符合公眾的期望，長此以往，也就不免落入俗套。

其次，我們那麼在意別人的評價，那麼喜歡從眾，是為了不被群體所拋棄，從而獲得某種安全感和歸屬感！**當我們知道自己是誰，能做什麼不能做什麼，喜歡什麼不喜歡什麼的時候，這本身就是一種安全感**。

就像有一個成語叫「中流砥柱」，當湍急的洪流湧下來，還有什麼比砥柱山更穩固與安全呢？愈是沒有自我的人，愈需要融入某個群體，愈會在意他人的評價，也愈需要外在的安全感。

最後，學會接納自己的陰暗面。在分析心理學中有一個詞叫「人格面具」，它是原型意象中的一種，是指個體用以適應社會，為了給別人良好印象、從而被認可，而包裝起來的面目。過分關注某個被社會所認可的人格面具必然會變得俗氣，而人格結構中的其他部分也會被犧牲掉，整個人格也就不能平衡發展了。

陰影是與人格面具相對的原型意象，是我們覺得醜陋、不願去面對的部分。我們愈是執著於光鮮的人格面具，內心的陰影就愈是強大。這時我們會感到衝突的痛苦。

對此，最好的辦法莫過於接納那個陰影。怎麼接納呢？最重要的是覺察，當我們覺察到陰影，並不認為它是個「壞東西」，它的存在便是積極的，它可以為我們提供源源不斷的心理能量。覺察，然後承認它，承認那個不完美也是我們的一部分。

陰影是人格的組成部分，愈是否認、排斥陰影，我們愈會感到分裂，內心的力量就愈弱小；反之，愈是承認和接納，我們的整體人格就愈強大，愈充滿吸引力。這樣的我們顯得有魅力都來不及了，哪裡會俗氣呢！

◆◆◆

有時候我會想，當我們在說「俗氣」的時候，我們到底在表達什麼？這個床單的花色很俗氣，那個人的行為很俗氣，他的觀念很俗氣……總之就是不理解、不接受。**當我們能夠接受世上的一切事物並對它們出現的原因和過程感同身受時，也就不存在俗氣一說了**。

那麼，我們能不能盡力做到接納自己的一切呢？去接納那些好與不好，這不意味著「停滯不前，再也不用努力」，而是**不再與世界為敵，不再與自己為敵**。我們可以變得更好，但不是為了證明什麼，而是為了我們自己。但願我們每個人都活出自我的精彩，擁有一個不落俗套的人生。

◆讓我們在否定自己的時刻冷靜思考

- 回想一下，在哪些時刻你曾被嘲笑或批評，而你並不認為這有什麼？當你對此毫不在意的時候，證明你對這個「別人以為的不好」是完全接納的。
- 細數給自己帶來糟糕感受的「不好」，想想它們是怎麼產生的？跟自己辯論一下，它們不好在哪裡呢？給別人造成傷害了嗎？是真的不好，還是想像中的不好呢？

從原諒中釋放，還原更好的自己

那些被傷害了就永遠放不下的人們

我有個案主，她跟前男友在一起時，前男友劈腿了另外兩個女生，她很恨他，但想到自己以前對他的付出，又捨不得分手，於是繼續忍受他的不忠。直到他對她愈來愈壞，甚至對她動手，她才絕望地離開了他。如今事情已經過去五年了，她每次想起他來仍會不甘，覺得在他身上浪費了那麼多年的青春，簡直讓她無法承受，實在太恨的時候，她忍不住把他的名字寫在紙上，邊畫邊咒罵。

還有一個讀者跟我說，她大學的某個女同學跟她關係不好，總是用帶諷刺的語言跟她說話，用難看的白眼瞪她，還因爭搶班草的注意和好感而故意陷害她偷東西，害得她與同學的關係一度很僵。她一直都忘不了那個惡人，哪怕現在已經畢業好多年了。

有一句話是這麼說的：「**不要拿別人的錯誤來懲罰自己。**」但世上偏偏有很多人認為，別人對自己犯的錯誤是不能被原諒的，他們那麼可恨，那麼深地傷害了自己，原諒了他們豈不是助紂為虐？不行，一定要讓他們得到應有的懲罰！

但這些人忘了，別人當然應該為他們所犯的錯誤買單，但這個錯誤的後續結果絕不應由你來承擔！當你久久放不下當初給你造成傷害的人與事，到底是誰在接受懲罰呢？

我們為什麼要做到原諒

當你憎恨一個人的時候，你難保不會受苦，那種憎恨彷彿一張巨大無邊的網，而你像一隻無力的小飛蟲被網在其中，愈掙扎愈無力，也就愈感到被束縛。你確實受到了傷害，但傷害已經結束了，你卻用憎恨延續傷害，無疑又給自己做了一個繭。

你沒有辦法要求傷害你的人是公正的，你也不能跟他講道理說，「你明知道那樣對我是錯的，為什麼還要那麼做」，這統統行不通。你需要明白的是，他就是那樣的人，他有著那樣的想法，所以他就對你那樣做了。

曾經有一則新聞，有個老人在公車上對身邊的年輕女子圖謀不軌，被女子制止後埋怨了幾句；隨後兩人下車，老人竟然在站牌處把女子打倒了，動作很俐落。這就是壞人，**壞人是不會給你壞的理由的**。

但你需要知道，當別人傷害你，錯的是他們而不是你，你不需為此討厭自己，認為自己沒有價值。當你真的能分清壞人和你是兩碼事，以及壞人的傷害不是你必然受苦的原因時，你自然就會做到不計較了。

科學研究證明，原諒在心理方面可以減輕人的憂鬱情緒，給人帶來希望和自信心；在生理方面也不會讓健康出問題。而緊抓憎恨不放的那些人，往往更容易出現焦慮和憂鬱等心理問題，在生理方面也會出現各種各樣的身體疾病，比如高血壓、嘔吐、胃潰瘍等。

原諒可以讓我們更深層地理解共通的人性，以及接受它。沒有人天生完美，即便在最惡劣的情境中，每個人的身上都存在某些看不見的亮點，即使是最邪惡的人也不例外。想想你自己，也許你也做錯過事，也錯待過人。

原諒會讓我們對這個世界懷有真正的慈悲，讓我們看到別人看不到的，理解他人理解不了的，這是心靈的自由。

如何做到原諒

❶ 說出你的痛苦，正視內心的感受

當痛苦不能被承受的時候就會否認，然而否認是情緒的壓抑，情緒沒有出口只會導

致自我毀滅。**一旦清楚地說出自己的感受，就得到了正視它的機會**。你可以對朋友、親人、心理諮商師訴說，總之要選擇能夠理解你的人。你也可以對加害者訴說，如果你覺得他不能接受，可以寫信，哪怕沒有機會讓他看到，你只要寫出來，就具有療癒功效。

韓國電影《密陽》就講了一個放棄壓抑才能得到平靜的故事：女主角的兒子慘遭殺害，她說服自己原諒兇手，但當她看到兇手並不悲痛的臉時，她變得更加怨恨。她自殺了，看著鮮血流出，她沒有再強撐自己那可憐的自尊，而是跑到大街上尋求幫助。她被救回，想剪掉頭髮重新開始，而理髮師卻正是兇手的女兒，此時她不再偽善，只是摔門而去，表現出正常人應有的情緒。而經過許多事情之後她終於意識到：缺憾是人生的一部分，正視自己的內心、不逃避，才是讓自己重獲安寧的唯一出路。

2 做出選擇

原諒是一種選擇，人在任何情境下都有選擇的權利，只要你願意選擇。有人說，沒有選擇就沒有前行。這句話的意思正如曼德拉所說的：「當你邁向自由時，若不能把悲痛與怨恨留在身後，那麼你仍在牢籠之中。」

很多時候我們做不到放下，就是因為不肯讓自己突破某個界限。那麼，不如告訴自己：**選擇拋下那些傷害，並不是罪過**。

3 重建或放下這段關係

你和加害者之間的關係，此前是因為創傷而維繫著，它肯定會給你的人生帶來壞的影響。對於並不親近的人，比如同學、同事來說，放下比較容易。

但對於比較親近的人，再怎麼放下也會有千絲萬縷的連繫，因此只能重建。不妨問問自己重建需要什麼條件，也許是父母的一個道歉，或伴侶、朋友的一次懺悔，可能等到它們很困難，但此時可以想想你是不是也對別人造成過同樣的傷害，那麼你應不應該去向別人道歉呢？這麼想的時候你也許就找到了滿足條件的辦法。

4 原諒自己

很多時候，我們自己既是受害者，也是加害者。如果原諒他人帶來了外在的和諧，那麼原諒自己則屬於內在的和諧。原諒自己是接受自己的缺憾和不完美，明白自己也會做錯事情，但**錯誤是用來成長的，不是用來苛責自己的**。

◆ ◆ ◆

原諒並不是軟弱，也不是承認那些傷害就是對的，而是在直面事實，正視自己受到了傷害。體會共通的人性之後的平靜接受，這是真正的勇敢。

原諒也不代表加害者就不會受到懲罰，只不過這懲罰不應該是你給他的。你要做的，是把自己和傷害你的人分離開來，不要糾纏在一起。

正如王爾德說過的一句話：「為了自己，我必須饒恕你。一個人，不能永遠在胸中養著一條毒蛇；不能夜夜起身，在靈魂的園子裡栽種荊棘。」**原諒你並不是為了放過你，而是為了放過我自己，為了我往後的人生能得到應有的圓滿**。

◆讓我們學著原諒自己

- 不拿別人的錯誤懲罰自己，不代表對做錯事的人無所謂。
- 發生的已經發生了，沒有必要對它「念念不忘」，多「念」一次，傷害就多存在一點。
- 最重要的是避免再次發生這樣的傷害。

第 3 章

好情緒的起點
守住界限來穩定內心的秩序

每個人都並非不快樂，只是我們選擇了忽視。
想讓自己的內心世界豐富充實起來，不如轉換個角度，
從平凡的生活中汲取能量，去滋養自己，
快樂，就是我們內心的種子。

數算感恩，鍛鍊重新快樂的能力

我們有可以快樂起來的能力

小琳是個不容易感受到快樂的人。但最近一連串的事情改變了她：小琳的老公被派往國外半年，留下兩個小孩需要每天接送上下學。大寶早晨七點十分到校，二寶七點五十分到校。小琳開車送大寶，不塞車也沒有太長紅燈的話，二十分鐘能剛好來回。回來後馬不停蹄地伺候二寶綁辮子、吃飯，一切準備就緒後，騎車十分鐘可以送到學校門口。當然這是在非常順利的情況下，萬般皆順就能擁有一個平靜的早晨。

可是，人生不如意十之八九：大寶多磨蹭一分鐘，留給二寶的時間就少一分鐘，小琳著急，免不了催促，大寶心情也不好，偶爾回幾句嘴，小琳就很生氣。二寶還是個很嬌貴的寶寶，稍有不順就哭鼻子抹眼淚，要嘛可憐兮兮地對小琳說：「媽媽，我肚子痛／頭痛／手指痛／腳痛。」一要嘛就說：「媽媽，我不想在學校吃，你中午來接我好嗎？」小琳的午休時間只有一個小時，接二寶回家根本是不可能的事。然後二寶就委屈地說：「別的小朋友都是回家吃飯的。」小琳又開始內疚。許多複雜的情緒奔騰在小琳的胸腔裡，她覺得這一切真是受夠了。

然而有一天，小琳忽然意識到：二寶的嬌氣、委屈、難纏會不會和自己的情緒不穩定有關？有時她對二寶非常親切，有時她又對二寶非常不耐煩。這就相當於二寶需要媽媽的時候，媽媽是個不穩定的存在。

小琳決定為小孩做些什麼。她首先想到的是，自己每天都要高高興興的，至少在事情不可控的時候不要表現得那麼焦慮，好讓小孩降低對糟糕狀況的敏感度。

一旦小琳決定了她的做法，她發現自己就沒有那麼容易被不可控的事情導致的焦慮情緒所左右了。比如大寶早晨愛拖拉，她就早十分鐘叫大寶起床，以前總覺得大寶會睡不夠，現在卻覺得「多睡十分鐘和少睡十分鐘沒有實際的區別」。再說，就算大寶磨蹭，遲到也沒什麼大不了，至少和好心情比起來，遲到帶來的壞影響真的比不上一個發飆的媽媽帶來的壞影響。

小琳從此看到了希望，而這個希望的前提，是她真正覺得「快樂起來」是一項對身邊人的義務。當她積極地面對這項義務的時候，快樂的能力就會得到發展。

重新評估自己和快樂的關係

許多人覺得，快樂一方面取決於環境和他人，另一方面，他們不認為快樂是一種主動的能力。

一個名叫清風的讀者曾告訴我，每次她和部門同事一起聚會都不由得滿面愁容，但她還是不得不去。她對喝酒、唱歌、打牌非常厭惡，然而聚會也無非就是喝喝酒、唱唱歌、打打牌。有個比較好的同事好心提醒她：「你一點笑容都沒有，搞得大家很掃興呢！」她問我：「我也想快樂起來，可我做不到，這到底是怎麼回事呢？」

我說：「你家裡有什麼變故嗎？」她說：「變故倒沒有，就是覺得沒什麼好高興的。」我又問：「你想高興起來嗎？」她瞪大眼睛看著我，說：「難道我想高興就能高興嗎？你別開玩笑了！」

當我問她「說到快樂，你會想到什麼」的時候，她說她最先想到的是媽媽。她媽媽是一個極其不快樂的人，經常苦著臉，偶爾她和姐姐大聲說笑，一定會招來責罵。她爸爸倒是個很風趣的人，她和姐姐都喜歡跟爸爸待在一起，時常打打撲克牌、玩個遊戲、買個零食。她最喜歡打牌，因為她有時會贏，那讓她很有成就感。可是連續玩了幾天之後，媽媽再也不允許家裡打牌了。她和姐姐就跑到鄰居家去玩，媽媽知道後揪著耳朵把她們揪了回來。而且媽媽的表情很可怕，彷彿她們做了大逆不道的事。

正如清風所經歷的，不容易感到快樂的人，很大程度上源於家庭的塑造。比如我見過有的小孩正興高采烈地指著大大的棉花糖，家長一聲棒喝，小孩就被嚇到了。在那個小孩看來，也許快樂是錯誤的。再比如，在有憂鬱傾向的父母的養育下，小孩可能會認為快樂有罪，他會懷有內疚，認為自己快樂了就是對不快樂的父母的拋棄。

美國心理學家、教育學家簡・尼爾森在《正面管教》一書中說道：「小孩有很好的感知能力，卻沒有很好的解讀能力。」對於快樂這種情緒而言，如果小孩被制止，他們不會理解被制止的原因，只會認為「快樂是不好的」，也就沒有對快樂的期待了。

因此，那些不快樂的人，真的有必要回頭看看自己對快樂抱有什麼樣的消極態度，並且認真思考那些消極態度是怎麼來的。

是時候讓被忽視的美好重見陽光了

哪怕一生再悲苦的人，我們都不能斷定在他的一生中沒有任何一個瞬間是快樂的。何況我們還遠遠達不到一生悲苦的程度。**我們只是習慣了對負面的東西過於關注，且對負面的感受念念不忘**。這樣，「悲慘」的基調會給我們一種錯覺，無論我們怎麼努力，都不會有好結果，或者乾脆就認定自己與快樂無緣。這是一種被動選擇。**快樂其實是一種主動選擇**。就像前面提到的小琳，當她覺得「我想要快樂起來」的時候，她的注意力就會放在「如何搞定周圍的繁雜事物」上。她很聰明，知道事情和他人是自己不能控制的，所以她不會跟自己過不去，而是盡力在不可控中「攤開自己」，提高耐受能力。當周圍的一切都在她的耐受範圍中，她就沒必要因「控制小孩不得」而讓自己的情緒變得糟糕了。

快樂其實很容易，只要你有這個意識。意識到了，也就有快樂的能力了。就像你渴了餓了，你會意識到需要去喝點水、吃些東西，你這樣去做了，身體也就得到滿足了。

每個人都會有一些獨屬於自己的快樂時光，那些不容易感受到快樂的人也是如此，只不過快樂總是會被很快遺忘。這一方面是由於快樂是平淡無奇的，另一方面不快樂似乎與「未完成事件」有關，會吸引更多的注意力。假如能多加體會快樂時光，每個人都能成為快樂的人。

自從小琳決心要成為一個快樂的媽媽，她不但有意識地對使她焦慮的事物放鬆了控制，更有意識地發掘自己在什麼時候是能量充足的。這一觀察後真是不得了，完全顛覆了她以往對於快樂的認知。以前她認為靜不下心來是不快樂的主要原因，覺得做什麼都沒有太大意義。在那個時候，她的能量是最低的。但那個能量最低的時刻卻是她有意與事物保持疏離而導致的：在她的想像中，將自己完全投入到一個事物中是很累的。比如她經常有這樣的心理活動：如果目前只有一件事待完成，她會想，反正時間多的是，晚一點做也沒什麼，結果拖到最後手忙腳亂；如果目前有兩件以上的事情需要完成，她則不會取捨，害怕選做一件事就會耽誤了其他事，這樣的糾結也會導致心有餘而力不足，整個人處於懶散狀態。

後來她抱著死馬當活馬醫的態度，在一堆拖延了很長時間的事情中選定了一件，什麼都不想，只是做事。結果事情還沒有完成，她卻發現心態已有了巨大變化：她不再焦慮、緊張，只體會到寧靜，那大概就是「活在當下」的感覺吧。另外，她還發現了一個可以活在當下的祕密，那就是感恩。感恩一切，尤其是當下正在做的那件事：吃飯時她對碗說謝謝；洗完毛巾，她仔細把毛巾疊得整整齊齊，收在壁櫥裡；澆花時她感激花兒這麼多年陪著她，不離不棄；她動作輕柔地給二寶綁辮子，心裡想的是「謝謝你現在需要我」，結果二寶說：「媽媽，原來你那麼喜歡我呀！」二寶後來再也沒有因為要離開她去上學而委屈、難纏過。

小琳才明白，她並非不快樂，只是多年來她一直沒有意識到那些快樂的點滴。快樂一點都不「高大上」，它就是平凡瑣細的生活本身。**能夠接受生活的平凡，平凡就會給人帶來回報**；反之，如果對快樂期待過高，就代表人們的內心世界是匱乏的，而外界絕對無法填補這個空缺。

◆　◆　◆

每個人都並非不快樂，只是我們選擇了忽視。想讓自己的內心世界豐富充實起來，不如轉換個角度，從平凡的生活中汲取能量，去滋養自己。然後，快樂就是我們內心的種子，沒有誰可以奪走它。

◆讓我們成為知足而快樂的人

- 對外界和他人不去控制、少期待，同時盡力做好自己能做的。
- 多記錄「心滿意足」的時刻，哪怕是小小的滿足，體驗與事物緊密連結的充實感受。
- 「感恩」是快樂的重要來源，看起來感恩是讓他人受益，其實真正受益的是我們自己。

說出你的介意，給歉意表達的機會

界限是對他人的愛與尊重

想到自己的高中時代，我和我最好的朋友——我的同窗同學，之間有一個故事。

有一天晚自習課間，我趁她和前排的同學說話，把椅子給撤掉了，然後她冷不防一屁股坐到了地板上。周圍的同學放聲大笑，我也笑得前仰後合。

現在想來，她應該是很憤怒的，但她不好意思對我說難聽的話，只是酸酸地向我表示：「你看我出醜，自己倒在那裡扮淑女。」

這件事情我記了二十多年，直到現在仍然記憶猶新，想必當時一定有什麼東西觸動了我。也許，那個觸動我的東西就是我擔心自己或多或少冒犯了她，導致她對我心存芥蒂，我們的關係就不如從前了。畢竟她是我最好的朋友啊。

其實，那時我不覺得撤椅子這樣的玩笑是一種冒犯，反而覺得大家都在苦哈哈地啃書本，偶爾在課間開個玩笑也能活躍一下氣氛。假如別人這樣向我開玩笑，蹲在地上的那個人是我，我可能首先會吃驚一下，明白怎麼回事以後說不定還會順勢在地板上多坐一會兒。但同樣的事情，別人的感覺可能截然不同。

所以，每個人的底線或界限是不一樣的。牽扯到重大原則的事情，有正常界限感的人大概會有差不多的反應；但在一些小事情或曾經受過傷的事情上，每個人的感受不盡相同。打個比方說，個人的界限就像一道不明材質的圍欄，有的硬有的軟，有的脆有的韌。你不能自己覺得沒有什麼，就認為別人也有同樣想法。而當你覺得有什麼，但別人認為沒什麼時，最好的做法就是告訴對方「我很介意，你不要再這樣（對我）」。

也許你的界限很隱蔽，你不指示給別人看，他們就不知道那是你的界限，他們愈越界，難受的是你自己。**只有你發出明確的指示，他們才會「看見」那道界限從而自覺止步**，這才是關係裡的雙贏模式。

當然，你和我一樣清楚，有太多人是不擅長說「我很介意」的，因為他們擔心這會導致關係的疏遠。這裡分為兩種情況：

第一種是「汙濁」的人，他們極度缺乏界限感。如果把缺乏界限感比喻為「泥坑」的話，一些人寧可在「泥坑」裡翻騰打滾搞得渾身汙濁，也不願跳出來還原一個清爽的自己。因為他們的模式就是「汙濁」。

具有「汙濁」模式的人，不懂得愛與尊重是什麼，這與他們從未被真正愛過和尊重過有關。他們不會對別人說「我很介意」，哪怕自己極其不舒服。而當有人向他們說「我很介意」的時候，他們一般會採取兩個極端，或置若罔聞——該怎麼對你還是怎麼對你，可能還會變本加厲；或翻臉比翻書快——既然你不讓我侵犯你，我就跟你說拜拜。

第二種是有一定界限感，但經常守不住的人。對於這類人來說，如果他足夠愛自己，有足夠的意願讓自己過上一種好的生活，他就能獲得足夠的智慧。

你說出了你介意，就是主動選擇了別人的善意。「主動」一詞非常重要，因為選擇權在你。選你想要的，要你想選的，這對一個想要獲得自由的人來說非常可貴。

你不說你介意，別人就會無底限地侵犯你，誰叫你好欺負呢？這樣你就處在被動地位，當你被動的時候，別人是不會善待你的。

真情才能喚起對方的溫柔以待

我有一個朋友，就是因為沒有勇氣說出她很介意，而在惡劣的婆媳關係裡面攪和了八年，最終幡然醒悟，以一場離婚大戰結束了這一切。

起初這位朋友本著家和萬事興的原則容忍婆婆入住自己家，大到怎麼教育小孩，小到她和老公的床上鋪什麼顏色的床單，以及她能不能穿露背的連身裙，最終到她生不生第二胎都由婆婆說了算。她忍無可忍，打算和老公離婚，但老公不同意。她一不做二不休，先把自己的家當搬出去，哪怕起訴也堅決要離婚。此時婆婆才終於意識到，她的存在馬上就要使這個家庭分崩離析了，這才萬般不情願地收拾行李搬回了老家。

並非燒殺搶掠才是惡，無限地侵犯他人的界限更是一種隱蔽的惡。隱蔽的惡原本可以避免，因為人性有禁不起考驗的一面，一個陰暗的人，很可能引發更多的陰暗；一個善良的人，則可能造就更多的善良。

所以，想要別人善待你，你首先要善待自己，知道怎麼樣是對自己最好的，然後守住這種「最好的」模式，這樣就相當於把別人的善給帶了出來。

當然，當你說出「我很介意」的時候，你和對方的關係可能會出現兩個結果，一是中斷，二是更加親密。你不能認為只要你明說了，對方就一定會理解你、善待你。

對於具有「汙濁」模式的人，你不要對他有任何幻想，他根本就不明白界限為何物，他跟你保持關係的目的就是要攪和你，這樣對他來說才是習慣的、正常的、安全的。然而面對這樣的人，你跟他的關係中斷，對你來說莫不是一件天大的好事，你還擔心什麼呢？

大多數人還是有一定界限感的，面對這樣的人，當你感覺被冒犯了，一定要勇敢地對他說「我很介意」，因為這是一份真誠，這份真誠恰恰表明你不願失去他。

不妨告訴他你的真實感受，你可以這樣說：

- 當你那樣評價我的時候，我真的感覺像被脫了衣服示眾一樣難受……
- 你喊我的綽號，激起了我小時候的創傷……
- 你不要再那樣說了，那會讓我感覺你不在乎我，而我卻是很在乎你的……

真誠代表的是真情流露，相比顧左右而言他或者隱晦的勸告，只有真情才會勾起對方的溫柔以待。如果他也很在乎你，看重你，那麼你們的關係只會更親密。如果他不那麼在乎你，你的真誠可能就不會起作用，他會覺得你矯情、小題大作，那麼無論你多想維持這段關係，你都不可能得償所願，因此放棄也沒什麼可惜的。

還是那句話，大膽地說出你很介意，對你以及你與他人的關係來說百利而無一害。如此，就讓別人善的一面迎向自己，惡的那面隨風遠去吧！

◆讓我們的界限適當舒展

- 「沒有界限」已成為熟悉的模式。如果從小不被尊重，過多地被索取、被要求，人就很容易形成討好的個性，以為這樣才是受人喜歡的。我們以為自己怎麼對別人，就會得到相同的回報；但別人不一定會像你對他一樣對你。而結果大多是失望的。
- 不用害怕關係斷掉。你可能錯以為自己是沒有價值的，他人接近自己是因為自己可以被利用，一旦拒絕被利用，關係也就不存在了。其實，首先維護自己的利益是符合人性的，比起「虛偽的人」，人更願意與真實的人深交。

瞭解他人和自己共通的人性軟弱

網路霸凌是肆意傷害的集中體現

在某期的網路綜藝節目中，兩位選手因化妝師安排問題產生了誤會，加上備賽壓力大沒能控制住情緒而發生口角。隨後而來的網路攻擊讓兩位選手承受了巨大的壓力。

我非常理解那種被圍攻、被逼迫的感受，似乎整個人被架空了，有一股力量把你強行拉到某個地方，而你又不願意待在那裡。

我想到一個小故事，它其實是一個測驗：給人們看一張一個老太太淋成落湯雞的照片，這張照片所傳達的內容是中性的。當人們被告知這個老太太是個窮人，她是為了生計在路邊賣東西，卻被路過的車所濺起的水花淋成了這個樣子，人們的表情大都是沉重的；但當他們知道這個老太太是個大富婆，她只是出門忘記帶傘才被大雨澆成了這樣，人們的表情就是微笑的，他們覺得好玩、有趣。

公眾人物與普通人的最大區別就是，在你的優勢和成就得到關注和讚賞的同時，你的劣勢和糗事也得到同樣的關注，以及不負責任的批判。

你可能會說，公眾人物遭受壓力跟我有什麼關係呢？是的，身為普通人，也許你沒有體驗過網路霸凌的威力有多大，那不如設想你身處一群人中間，不用多，三五個就足夠，他們也許是你的朋友、同事，或不認識的人。你是孤家寡人，其他人聯起手來諷刺挖苦你，向你開沒有分寸的玩笑，用自以為是的觀點評論你，而你根本就沒有做錯什麼，你會是什麼感受呢？

所以，網路霸凌不只存在於網路，它在現實中、在我們身邊也是有跡可循的。我們身邊有多少缺乏同理心和慈悲心的人，網路霸凌的威力就有多大。

傷害他人，是因為不愛惜自己

「網路酸民」的典型特徵有以下幾個：主觀上有惡意干涉、制裁別人的傾向；出口成「髒」；不經當事人允許就擅自公開其隱私；威脅當事人的人身安全；占據道德制高點；盲目跟隨他人並誇大其意見。

這些典型特徵與人們的心理防禦過於強大，不懂得尊重、愛惜自己有關。雖然網路霸凌是一個社會現象，但社會中的人就存在於你我中間。也許從個人身邊的心理現象說起，更能以小見大。

1 壓抑、隔離

連假期間我回老家待了幾天，見了幾個要好的同學。曾經我們的關係十分親密，但此番相見，我卻極不舒服。當我說「我其實很弱，我需要支援」時，她們非但不接受，甚至反駁我說「這可不是我們印象中的你」。我身處她們中間，有一種很奇怪的感覺：我被四周的銅牆鐵壁所壓迫，悶得喘不過氣來，而且受困。我只好不說話，以致提前離席。

我很清楚自己不舒服是因為，感受到了他們身上過多的壓抑和隔離的成分。壓抑和隔離太多，導致了他們不會承認自己對生活的不滿，相反會將之武裝為「知足常樂」；他們也不會看到內在的需要和缺乏，只會說「我不想要」；他們用外在的標準支撐自己，如果有人碰觸了這個標準，就好像碰觸了他們自己，於是群起而攻之。

2 沒有界限

有個朋友跟我說，她穿了一件新裙子去上班，一個同事羨慕地說：「真好看。」然後那位同事隨手拿起手機對準她說：「來，看這裡！」啪啪兩張照片拍了下來。她有點兒不高興，說「別拍了！」同事理直氣壯地說：「我又不上傳，別那麼在意。」她就沒再說什麼，但總感覺有種難以言說的東西梗在心裡。其實是她被侵犯了，被侵犯總會引起憤怒。

人們總以為有些事情不需要界限，如果你計較就好像矯情、小題大作。比如散播謠言，他人就會說：「不就說你兩句嗎，這都受不了！」問題是你什麼都不瞭解，就妄自散播、批判，所謂的言論自由，如果除去瞭解和「純良」的前提，就只是為罪惡做嫁衣。正是因為這樣想當然的人多了，轉移到網路上，便成了眾多的「暴民大軍」，一旦被關注的人出現差池，他們就覺得自己擁有了某種權利，從而對被關注的人進行干涉、質疑、指責、威脅。

3 投射

網路上曾有個叫Jess的十九歲女孩很有名，她是美國麻省理工學院的韓國留學生，已被三名心理醫生確診為「解離性身分識別障礙」，即多重人格障礙。當她把自己人格轉換的影片發在網路上時，不少人罵她「戲精」、「假得要死」、「演技不行」，而她的父母也覺得這是件很羞恥的事情。

可是，在具有多重人格的人身上，所有的人格都只是為了保護主體人格，從而讓他過得更好一點，這有什麼可羞恥的呢？對Jess來說，難道不是那些曾經傷害過她的人才應該感到羞恥嗎？廣大網友認為她「很羞恥」，只不過是內心藏著的羞恥感自己無法接受，才投射到他人身上，認為他人是羞恥的。

當人們不能接受真實的自己時，就會從他人身上看到自己「壞」的部分，從而去攻擊他人。就像網友們罵演反派角色的演員一樣，罵聲有多惡毒，就有多無法接受自身存在的陰暗與自私。

慈悲才是我們抵制傷害的「保護傘」

人人都有壞情緒，而情緒是低級的。所謂低級，是說無論好情緒還是壞情緒都具有傳染性，具有主動性。對於壞情緒來說，如果不加以認識和引導，最終個體將會陷入其中從而自傷。因為罵人、發洩並不會讓人真正快樂，這種行為無異於口渴了喝海水，原本想補充水分，卻由於過高的鹽分而更快脫水。

試想一個場景：你在忙得焦頭爛額的時候碰巧接到一通推銷電話，你的反應是什麼？也許你很難做到心平氣和，你會罵對方兩句然後掛掉電話。這時你的焦慮和憤怒會減少嗎？非但不會減少，負面情緒還會繼續發酵，像陷入一片泥潭拔不出腳來。

但假如你換一種方式，把注意力全部集中在所接的電話上，你意識到即便對方是一個推銷員，他也和你一樣嚮往美好生活，他也有他的不易，你把同理心送給他，你可以不必接受他推銷的產品甚至封鎖他，但態度溫和一些，不要讓壞情緒牽著自己的鼻子走，這就是慈悲。在這個過程中，最主要的受益人其實是你自己。

慈悲可以讓我們保持對自己的警醒之心，讓我們不會嚴厲、負面地批判所關注的人，也不會被別人盲目的評價和攻擊所感染，從而保持自己的本心。

《一平方公尺的靜心》這本書裡這樣說道：「慈悲是從不完美和錯誤中重新開始的能力」，慈悲意味著洞察力；「因為慈悲，人們才覺察到共同的命運，從而真正接納彼此的不完美。」當我們知道，每個人都會犯錯誤，每個人也都懊悔自己所犯的錯誤，每個人都有自己的痛苦和困難，每個人也都想獲得快樂，在這些方面我們與他人沒什麼不同時，我們就很容易理解並寬容他人，而不會惡意揣測或攻擊他人。

但願我們每個人都能愈來愈多地理解與寬容他人，不傷害別人。這也是給自己的溫暖。

◆讓我們成為慈悲的人

- 人都是不完美的，每個人都有自己未曾瞭解的盲點。
- 首先學會寬容自己，沒有人會在懲罰中得到成長，然後你會做到溫暖和諒解他人。

真正的成熟就是守住情緒的界限

怎樣才是真正的成熟

「成熟」是生活中經常被提到的一個詞。比如一個人很會見機行事、八面玲瓏，卻不會使人反感，我們會說，這個人在個性上是很成熟的。再比如，一個人年紀輕輕，但他的穿衣打扮明顯長於實際年齡，我們也會說「他看起來很成熟」。有時我們只是覺得一個人很穩重，也會給他貼上「成熟」的標籤。

大多數情況下，某人被評價為「成熟」，不過是人們用以概括對他的印象或感受的簡單策略。真正的「成熟」指的是情緒的成熟。

情緒的成熟對於不太瞭解心理學的人來說，可能只是一個概念或理論，而無法將它當成自己身體的一部分應用自如。但如果你看到以下描述，也許你將很有興趣去實踐如何成為一個情緒成熟的人。

成熟不是壓抑情緒

首先需要指明的是，成熟不是壓抑。明明內心已經翻江倒海了，表面卻是不動聲色，該吃吃、該喝喝、該聊天聊天，外人什麼也看不出來。你自豪地以為這是「不以物喜，不以己悲」的表現，但是壓抑的情緒會化作猛獸，在不眠的夜裡將你撕成碎片。

對此，**適合的做法是合理表達，將自己受傷或憤怒的感受說出來**。負面情緒悶在心裡會給身體造成損害，而表達是一個通道，透過這個通道，不好的情緒就得以釋放了。但是很多人分不清「表達情緒」和「發洩情緒」的區別，以為把情緒發洩出來就是真性情或者不壓抑的表現，這樣發洩的人可能暫時舒服了，但旁人又受傷了。雖說旁人受傷我們應該去負責，但問題是，我們的發洩讓他受了傷，他會反過來再次攻擊我們，這樣我們就會二次受傷。也許有很理想的情況，對方對我們極其包容，無論我們如何發洩，他都不會說什麼，甚至反過來安慰我們。這種情況下，假如他有很好的情緒處理能力再好不過；但如果他只是一個普通人，無節制地接受負面情緒，總有一天要嘛爆發，要嘛變成內傷。無論如何，這對他人來說都不是一件公平的事情。

我有一名案主，她為了一個很小的手術選擇住院，結果醫院的環境讓她一點都不滿意，想提前出院卻又擔心不符合醫院的規定，不好辦手續，結果硬是住滿了規定的天數。她有點氣急敗壞，就把心裡所有的不滿、委屈和恐懼全數倒出來。她伴侶聽著很煩，又不知如何安慰她，只好說了句「又不是我讓你住院的」。她聽到後就更崩潰了。

當她埋怨對方不夠理解她的時候，她沒有想過，守不住自己情緒的界限，對他人而言也是一種傷害，被傷害的人多數情況下不會坐以待斃。如果她能調整自己的情緒，對另一半說：「住院期間我是真的很崩潰，我希望你能多陪陪我。」也許對方就會盡可能地做出補償，這樣一來，她體會到的就是被愛，而不是嫌棄。這種真實的表達對雙方都有好處。

成熟是不轉嫁情緒

談到「轉嫁」，最常見的是有權勢的一方將情緒傳遞給無權勢的一方，比如父母轉嫁給小孩，主管轉嫁給下屬，夫妻中「脾氣不好」的一方轉嫁給「脾氣好」的一方。生活中這種存在是合理的——被轉嫁的那一方比較弱小，以至於無力或不敢反抗。但這種存在並不是真理——轉嫁情緒的那一方在發洩之後並不會好到哪裡去，反而情緒會更壞。實際上這是對自己不負責任的表現，這種不負責任還會伴隨著無價值和無意義感，令人感覺自己糟糕透了。

這種無法守住情緒界限的表現，與其說是一種自動模式，不如說人在意識中還沒有建立起「我應該為自己的情緒負責」這樣的認知。

人們之所以會將壞情緒轉嫁他人，是因為自己曾經就是這樣被對待的。我有案主聲稱自己從小就莫名其妙地受到媽媽的責罵，她並不知道自己做錯了什麼，只當是自己的作業寫得不整齊、不聽話、吃飯挑食吧。等她長大後有了自己的小孩，她老公常年在外工作，家裡大大小小的事情令她心煩意亂，她覺得一切無法掌控，小孩自然也就成了她的矛頭指向。那麼小的小孩，一旦不能順著她的心意做事情，她就會很憤怒，覺得自己承受了太多，既要管小孩又要管家庭，可是外面那個男人只需要工作就好了，憑什麼呢！她於是也常常罵小孩，看見小孩哭的時候她也很後悔。

直到有一次，她醒悟過來，小孩是寶貴的，她不能隨意對小孩發洩情緒。也就是在那一瞬間，她非常清楚地意識到：**自己曾被怎樣對待，不是自己也如此對待別人的理由，成熟意味著對自己的情緒負責**。

我知道，那是她心靈成長的里程碑，她終於意識到，**人的情緒是應該有界限的，守住這個界限是為自己負責的表現**。

成熟是承擔自己的責任

文文對我說，她原本打算做頂客族，婚前老公也同意。但是婚後到第五年她婆婆表明反對了，老公也有所動搖。她在全家人的鼓動下不得已生了小孩，這成了她噩夢的開始。

小孩難帶，整天生病不說，還很黏人，她的工作受到諸多影響。她便怨恨叢生，總認為老公不給力（經常出差），婆婆也不給力（婆婆希望讓小孩給父母帶），帶小孩的責任就只能全落到她一個人頭上，她對此又無力承受。她因此經常指責老公，埋怨他不遵守約定，且經常憤怒地阻止他出差，或將他從某個會議、飯局上電話轟炸回家。她常常對老公說：「不是你要生的小孩嗎？你來帶好了，我帶不了！」她老公說：「我不介意帶小孩，重點是我很忙啊，我得工作。」她則更憤怒，聲嘶力竭地喊道：「生小孩以前你不知道你需要工作嗎？」

其實她老公也很後悔在沒有做好準備的情況下匆忙生了小孩，可事情已經發生了，作為一個思考型的男人，其慣常的思維模式便是「怎樣解決問題」。但她似乎一直活在過去，她介意婆家不尊重她的想法，她想要的不過是「也許我不會一輩子頂客，我只是想做好準備再生，也許十年或更久」；但婆家的人不會理會她的想法，他們只是想儘快抱上孫子，在這個過程中，她覺得自己被傷害了。於是她過不去這個被傷害的節點，就反覆指責老公來緩解情緒壓力。老公本來對她懷有愧疚，可是在她無窮無盡的諷刺、說風涼話、不分場合的電話轟炸之下，他也異常憤怒，覺得受夠了這樣的日子。

當文文哭著對我說她想離婚的時候，我勸她離婚可以，但在離婚之前要先把這種狀態的來龍去脈搞清楚。在我看來，她其實是恨自己的，她恨自己的懦弱和無力，在她還不想生小孩的時候，沒有人尊重和支持她，而她因為恐懼而不敢堅持自己不想生的想法。也許她是害怕衝突；也許她是害怕小孩對老公來說很重要，如果她不配合則有被拋棄的危險；當然還有可能她在無意識中依然認定一個女人結了婚不生小孩是不對的。不管她恐懼的是什麼，最終她都妥協了。她非常想要自主，可是恐懼令她不能自主。她看到她的生活一團亂麻，感受到生活因小孩而變得無比沉重。她不想承擔這些痛苦，也不打算接受因恐懼、妥協而導致的無法自主。她只是一股腦地去怨恨她老公，「都是你讓我陷入如此困境」。

人當然可以怨恨，然後呢？然後我們希望時間可以重新來過，讓自己重新做一次選擇嗎？或者希望對方能夠後悔不迭地承認當初的做法錯誤嗎？現實是不能重來的，對方也未必能夠理解為什麼我們總是在一個節點上斤斤計較。我們在怨恨和指責別人的同時，自己也錯過了看到真實的困難並去解決的機會，這對自己來說是多麼不公平，又是多麼遺憾啊！

對文文來說，她該做的應該是回過頭去看透自己的恐懼，或者轉過身來思考小孩對她來說意味著什麼，為什麼帶小孩讓她如此焦慮——她是否將自己兒時的缺憾過多地投射到了小孩身上。她面對的任務這麼多，絕不是離不離婚這個問題所能概括的。當她準備好去撥開情緒的迷霧時，她也就變得成熟了。

◆　◆　◆

其實，我們所有情緒發洩的背後都有一堆血淚史。愈是控制不了情緒，喜怨恨、愛抱怨的人愈需要被愛。我們發洩的意圖不過是求得安慰、關注和理解，如果得不到，則有可能升級成四處發洩，但這種向外的擴展不僅有損關係，還會令自己愈發覺得沒有價值。

不如實在一點，盡可能地為自己做點什麼：至少我們可以一點一點地學習守住情緒的界限。

我們不妨對自己說：不是別人給不了我想要的，而是我的期待太高了，一個成熟的人不會認為他人「就應該怎樣」。當我們學會放下對他人的期待，注意力自然就回到了自身。我們有那麼多的人生任務要去完成，實在不必在無所助益的事情上浪費時間。

讓我們成為情緒成熟的人

- 學會正面表達自己的需求，你不說，別人無從知道。如果被拒絕，不要以為那一定是自己的錯，因為還有可能是對方沒有能力做到。
- 學會表達自己受傷的情緒，比如：「你剛才說到……，我感覺很傷心／憤怒／震驚，我覺得這對我不公平。」
- 有情緒的時候，可以向對方說「我現在心情不好，我想自己待一會兒」。冷靜下來，再做必要的溝通。
- 努力覺察自己正處於哪種情緒中，時刻做這樣的練習。

處理好情緒，等於照顧好身體

疾病離我們並不遠

我的一位朋友，生活很寬裕，這得益於她有一個好主管。這主管怎麼個好法呢？主管是公司副手，幾年來爭權奪利不得，只好悶著一口氣帶領幾個得力員工使勁地拚業績。主管的專業水準很高，再加上拉業務能力極強，業務很容易就搞定了，但搞得朋友經常一加班就半個月，吃住都在公司。

別看朋友的工作這麼累，收穫卻是滿滿的：拿著不菲的獎金和抽成，每年一次帶家屬出國玩，吃住、機票、門票一分錢都不必花……

然而有一天，這美好的日子戛然而止——主管中風了。年假時主管剛過完四十五歲生日，據說他回老家過年，參加了幾場酒席，突然就倒地不起了。半年來他再也沒有回去過公司，且以後自主活動的可能性非常低。主管的伴侶去了公司數次，要求看在主管努力工作和為員工謀福利的份上，能得到盡可能多的補償。

後來這事情是怎麼解決的，朋友也不得而知，她只是非常惋惜，還帶有一絲餘悸。她實在不明白，一個四十五歲、看起來仍然生龍活虎的人，怎麼會和中風掛上鉤，而且這病，說不能動就不能動了，會不會是以前太揮霍生命了？她由此想到自己，她也三十五了，加班熬夜喝咖啡甚至喝酒是常有的事，萬一哪天她也倒下了……想想真可怕！

而且現在不乏年輕醫生和IT行業人員猝死的新聞，之前還有一名計程車司機在機場候客時猝死。《人民日報》更是刊登了某位中科院博士、青年教師被發現暈倒在實驗室，送醫搶救無效後去世，年僅三十一歲，小孩剛出生七天。其死因為心因性猝死，屬於心血管疾病。

有時候認真想想，除了頭疼腦熱以外，很多大病離我們並不遠！

我們為什麼離疾病愈來愈近

世人的死亡原因中，排名居高的是中風（腦血管病），還有缺血性心臟病（也稱冠心病，包括心絞痛、心肌梗塞、心律不整、心臟衰竭、心因性猝死五個類型）、呼吸系統（氣管、支氣管、肺）癌症、慢性阻塞性肺病、肝癌、道路交通事故等。

如果家有老人，那在家中的年輕人經常會聽到這樣的話：不要吃那個，那個容易致癌；最好多吃點這個，這個對身體好，等等。我媽就經常對我說：不要用塑膠杯子裝熱水喝；要經常喝一點泡洋蔥的紅酒，可以軟化血管；要多吃花菜，防癌……即便我不想聽，也招架不住她在我耳邊碎碎念，以致每當我在大快朵頤之前都會忍不住想：這個能不能吃，那個會不會有損健康。

但我知道，這些擔心遠遠不是應該有的擔心，換句話說，疾病並不是僅僅因為吃什麼不吃什麼而導致的，而是綜合性的結果。醫學心理學中有一個分支叫作「身心疾病」，是說那些主要由心理社會因素引起，與情緒相關卻主要呈現為身體症狀的疾病，比如原發性高血壓、偏頭痛、消化性潰瘍、月經失調和經痛、糖尿病、支氣管哮喘、蕁麻疹、類風濕性關節炎等。

任何疾病都不是由單純的生理因素導致的，而是心理、生理、社會文化共同作用的結果。比如，人處於社會生活中，需和他人互動，從關係中獲得各種資訊，但人又需要按照社會規範行事並受其制約，因此需要時刻調整自己的心理、生理狀態以及行為。因此這種適應性行為的失敗必然會給心理造成不良影響，引起心理衝突，甚至身心失衡。

再比如，愉快的情緒使人感到幸福，是保護身心健康的「靈丹妙藥」，而消極情緒常伴隨強烈的激情狀態表現出來，因此身體反應也較劇烈，以致給內臟器官造成傷害。例如焦慮和憤怒會造成腎上腺素和腎上腺皮質激素分泌的增加，使心率加快、血管收縮、血壓升高等，如果情緒得不到有效宣洩，就會造成自律神經系統的失調，引起器官病變。

學習理論認為，內隱的異常行為可以透過學習，繼而透過強化和獎勵的方式得到保留。比如一個小孩因胃腸不適而被允許留在家中不去上學，且受到相當的關愛，他受到的這份特殊待遇會使他相信「只有得病才可以得到想要的」，這就進一步促使了他的胃腸不適甚至潰瘍。

美國醫學博士費德曼曾在研究心臟病時將人的行為類型分為A型和B型：A型行為人急躁、沒耐性、敵意重、行動快、對時間的流逝常常高估；B型行為人則相反。人格特徵既是某些疾病的基礎，也能改變疾病的過程，例如A型行為人就是冠心病的易患族群。

除上述情況外，不良習慣的存在也會使疾病找上我們，比如：吸菸（會導致吸收菸鹼素，從而引起心率加快、周圍血管痙攣）；不運動或運動過少；常飲食高脂肪和高膽固醇的食物，或攝入過多鹽量、攝鉀過少；過量飲酒，尤其是急性醉酒或長期酗酒。

該如何在紛亂而快節奏的社會守護自己的健康

當代社會的疾病大都是身心疾病，因此治療和預防不能只從生物學角度出發，而應從多方面來思考方案。具體說來，我們可以這樣去做：

❶ 建立健康的生活方式

我常想，規律的作息應該是生活的框架，再輔之以適合的飲食和適量的運動，在能夠確保基本健康和精神狀態的前提下，再去發掘人生的意義。即便人由於遺傳因素而容易生某種疾病，健康的生活方式也會把易感性降到最低。

本文開頭的朋友的主管，他的家族並沒有中風的先例，但他長期以來以酒代飯，作息和飲食嚴重不規律，雖說是為了工作，但其中也摻雜了不少個人情緒，結果被他忽視的身體反過來忽視了他。

❷ 加強心理的建設

學會自我調控情緒，防止情緒大起大落，並學會一些自我放鬆的訓練方法，比如透過深呼吸和自己的身體關聯，以便有效應付緊張情境；多參加社交活動，以獲取社會支持和得到更多交流與宣洩的機會。

想起有個朋友，她偶爾會經歷憂鬱時刻，每次憂鬱都會有特定的事件發生，少則半天一天，多則兩三天甚至一周。她為此特意聯合老公和小孩開了個家庭會議，表明自己有些時候什麼都不能做，也做不了，她能做的只是把自己關起來睡覺，希望家人不要以任何理由打擾她，並盡力理解她。如果可以的話，她還希望家人能夠適時遞給她一杯熱茶，或一些喜歡吃的點心。自從她這樣實行之後，或許是由於她完全接納了自己「不能動」的狀態，最近十個月來她反倒一次也沒有憂鬱過。

3 培養健全的人格

這能夠讓我們正確評價客觀事物或所處的情境，並對之採取恰當的態度和行為。培養健全的人格最好從青少年做起；或者作為父母，我們努力使自己擁有健全的人格，然後再去「健全」地養育小孩。

我們可以尋求諮商師的幫助，瞭解自己，並認清自己身上存在的優勢和盲點，清楚自己面對負面情緒的自動反應模式，以及可以用哪些更好的方式去代替它們。另外我們還可以多看一些相關的書籍，並在生活中加以運用。

某些疾病離我們並不遠，我們在身體健康時切不可認為自己就是特殊的那一個，錯認疾病永遠不會找上我們。但我們也不必過分悲觀，**提高防範意識，善待自己並做好該做的，至少我們可以對得起自己**。

◆◆◆

◆照顧好身體，愛己也愛人

身體屬陽，靈魂屬陰，陰陽結合，我們才得以更好地適應與發展這個世界。成年人最應該做到的就是對自己的身體負責，有健康的體魄才談得上理想和未來，不要抱著僥倖心理，在身體尚為強健的時候透支身體或不注重保養。你要知道，當身體每況愈下，我們愛的能力也會隨之減弱。因此，為了愛別人，也為了得到更多的愛，從現在開始，我們是時候好好關照自己的身體了。

在當下的時光裡主動投入一份愛

童年是回不去的故鄉

我的童年是在鄉下的外婆家度過的。當時，那是一個大家庭，有兩個阿姨和三個舅舅，還有外公外婆。

那時我小阿姨和三舅還沒有成家，這有一個好處，就是他們不必操心自己的小家庭，他們的家就是外婆的家，而我是外婆家的常駐人員。小阿姨和三舅被默認為去哪裡都要帶著我，所以我有機會跟他們下田做事，或在夏天的傍晚跟他們去抓蟬的幼蟲。那些需要付出體力的勞動在我看來就像玩遊戲，整個天地之間都是我巨大的遊樂場。

我曾目睹小阿姨和三舅為了一台收音機打架。小阿姨想聽流行音樂，三舅卻要聽說書。他們打架的樣子讓我目瞪口呆：小阿姨彎著腰緊捂著收音機，三舅在旁邊找不到下手的機會急得直跳腳。我心想，大人也會打架嗎？打就打吧，好像跟我們小孩打架也沒什麼區別嘛！後來當我成年，才意識到他們兩人那時也不過十三四歲，放到現在也還是個半大孩子。

後來他們結了婚，生了小孩，每天為了自己的小家庭付出和忙碌著。我不再是他們的跟屁蟲，並且和他們天各一方。

我結婚以後的一段時間，因為工作需要，將戶籍從小阿姨所在的縣市遷到目前的城市，中間頗費了一些周折。事情辦完後，小阿姨對我說：「你看，你最後留在這裡的事都辦完了，以後你也不會再來了！」我的眼淚突然就出來了，我感到一種深深的不捨，而我也終將離這不捨而去。

後來我慢慢明白，再也回不去的地方才是真正的故鄉。在那個故鄉，年幼的我因不諳世事會以為一時就是一生，現在怎麼樣以後永遠都會是這樣，直到長大，才突然發現相聚不是常態，分離才是。這讓我產生一種深深的無力感。

我現在對科幻電影充滿了興趣，經常想像自己一覺醒來又回到了過去，回到外婆家的院子裡，看到了院外不遠處的水塘邊──那裡長著幾棵開滿粉花的桃樹。我認為這是很好的科幻小說的題材。但這一題材經常讓我產生另一個想像：如果我們的確有穿越時間的能力而不自知，難保我們目前的生活不是由將來的某一刻穿越而來。

假如真的是這樣，目前的生活果真是從將來的某一刻穿越而來，那我們穿越到現在的目的是什麼呢？既然過去已經過去，未來也已到來，我們重新經歷一次某個階段的生活，難道不是為了發現未曾發現的美好，或體驗未曾明瞭的意義嗎？

愛是承諾用我的真實回應你

於是我想起幾年前，爸爸查出肺癌，我把他和我媽接到我住的城市接受二次檢查和治療。我在醫院附近找了一間旅館，讓他們住進去，說了一會兒話我就回家了。在那之後的一年半左右，我爸就去世了。他臨終前的那段時間，都是我媽在照顧他，而我媽從沒說過她很累、需要小孩幫忙之類的話。

我一直有種感覺，就是我和父母之間的關係過於冷淡，因為不冷淡就意味著傷害與被傷害。我爸做檢查時，我讓他們住在旅館，在當時看來似乎並無不妥，後來我卻對此一直不能釋懷：我本應陪著他們一起，尤其當時需要安撫我爸的恐懼心理，而我媽也好不到哪裡去，她經常處於受驚狀態，時刻緊繃著一根弦，屬於情感的部分已經缺失了。

我認為我不該扔下他們，讓他們獨自體驗未知的遭遇。可如果我一直這麼想的話，那我永遠不能從內疚中拔出腳來。如果換一個角度想，我和父母的關係看似過於冷淡，但我的內疚恰恰說明了我從心底對他們懷有深切而濃厚的感情。所以這個落腳點是「愛」，而不是「我做錯了」。

明白了這一點有什麼好處呢？可以這樣說：我不必為之前的冷淡感到愧疚，我只需在以後的與人相處中，為了愛，投入一份主動，好好體驗每一個我們相聚的時刻，這樣便不負時光、不負生命。

有一次我帶著我媽和小寶去旅遊，確切地說，主要是為了我自己能夠參加一個心理學的培訓。在旅館，小寶最喜歡在床上跳來跳去，像玩彈簧床一樣。她一跳，我媽就開始皺眉頭，嚴重時還會批評小寶，小寶就覺得很委屈。

我以為面對此事我也會有情緒，但奇怪的是，我不知什麼時候培養出一種能力，可以讓自己待在那個不舒服的情緒裡仔細體會它。我體會到了我媽受到驚嚇的那一部分，體會到了小寶作為一個小孩而具有的好奇心，也體會到了自己處於這個張力十足的狀態中是如何感應她們的。

於是我說了一番話，我對小寶說：「你最好不要再跳了，容易摔倒，你奶奶怕你摔傷才會批評你，但我知道，批評這個方式一點都不好。」然後我又對我媽說：「就算她受傷了，受罪的也是她自己，再說也不會傷到哪去，最多摔一下腿，有我呢，你不用害怕。」我媽就不說話了，也沒有任何情緒，我想大概她從未意識到自己在面對突發事情時的激烈反應叫作「受驚嚇」吧。

所以如何去愛一個人呢？**你幫他看到真實的自己是什麼樣子，就是愛**。愛是承諾，承諾我用真實的部分去回應你，而不是「我和你待在一起很高興」。

我和我媽待在一起一週多，教育了她不下四五次，每次她都沒有什麼情緒，這愈發讓我覺得，她在內心裡就是一個不滿三歲的小孩，她需要他人作為鏡映，以得知自己的情緒，為什麼會有這樣的情緒，以及面對這種情緒最好的處理方式是什麼。

然後我就會想，還好我媽健在，不然的話，我想跟她建立一個深刻的連結時，又該去哪裡尋她呢？我應該感恩，至少我們還在一起。

是的，至少我們還在一起。這句話不僅適用於我們和父母之間，也適用於我們和小孩之間。

你的小孩剛出生嗎？過幾天他就會走路了，他想去哪裡自己會決定。別覺得現在小孩還小，很快他就到了青春期，天天跟你唱反調。待你盼著他趕緊過去青春的動盪期，他也就去上大學了，只剩你一人獨自緬懷過去，緬懷那些他依賴你、需要你的時刻。我們是怎樣離開父母的，我們的小孩就會怎樣離開我們。

所以很多時候，我並不盼著我的兩個女兒快點長大，因為我很清楚，就算我不盼著她們長大，她們也最終會長大。大寶現在在青春期，我說話變得小心翼翼，生怕說錯了哪句話，她給我回一句：「別說了，我不想跟你說話。」

小寶六歲，她現在經常會這樣說：「媽媽我最喜歡你了。」一起初我還沾沾自喜，沒曾想她這樣說是有目的的，往往接下來她就會提好幾個要求給我，要嘛買玩具，要嘛讓我陪她玩遊戲。我只覺得時間過得這樣快，那時候她才剛剛學走路啊，怎麼現在已經有這麼多想法了！

「在其位，謀其政」，當我是小孩的時候，我完全可以任性；可當我站在父母的位置上，我就必須學會如何正確地養小孩。什麼是正確地養小孩？這個「正確」說的不是方式，而是態度，一種「與小孩同在」的態度。

這個態度是**我珍惜和你在一起的每個當下，我承諾用我的真實去看到你的真實**，至於今後你會長成什麼樣子，那是你自己的事情，我只負責認真對待陪你走過的這段路。

每一個當下都在不斷地過去，但至少現在這一刻，至少我們還在一起。這就是一種可以看得見的、能夠把握的美好。因為這份美好，我們便不會盼望現在趕快過去，也不會期盼將來的某一刻趕快到來。畢竟生命有限，不能虛度時光。

◆讓我們看到自己所擁有的美好

這世界並不缺乏美好，缺乏的是看見它的眼睛和感受它的心。幸福不在未來，只在現在。也許我們有很多煩惱，但我們年紀尚輕，身體尚健，所愛也在身邊。看得到擁有的，它才可以成為我們前行的支撐，否則，再幸福的人也有可能說「我是不幸的」。

第 4 章

好情緒的持續

自由傾聽內驅力的指引

幸福的含義是「寬容、不指責自己，
並允許自己做任何想做的事」，無論你處於什麼狀態，
有什麼想法，你只需承認它們的合理性，
不因「做錯了」而責難自己，這就是幸福。

允許自己做自由且「無用」的人

你對錯誤的容納力有多大

有讀者說，她在假期中追了幾天的劇，結果什麼都顧不上了——小孩的才藝班她委託別人送，吃飯叫外賣，不做家事，花草也因疏於打理而枯萎了，更沒有兌現回老家看父母的承諾。她因此非常自責，覺得自己簡直是在浪費生命。

想必這樣的感覺每個人都不陌生，只是自責的事情和自責程度有所不同。這讓我想起自己在中學時代，也有這樣明晰的感受：如果所有的課餘時間都用來複習功課了，那麼不管掌握的效果如何，我都會覺得一天很充實；但如果我忍不住看了一本雜誌或一本小說，我就會覺得對不起父母，對不起老師，也對不起自己。其實我真的很想在可以自由支配的時間內看一本喜歡的書，以獲取那種與世界萬物連結的喜悅感。

但我可以想見媽媽那大呼小叫的聲音與神情，它們潛藏在某些祕密的角落裡，像手榴彈一樣出其不意地炸你個人仰馬翻；它們還像一些看不見的線，牽扯著我的神經，只要那些線稍稍一動，我會自動意識到「這是不對的」。

成年以後我遇到老公，他與我相處的方式很特別：我丟了錢包，他補給我雙倍的錢；我看小說看得天昏地暗，他從不打擾我，自己叫了外送還記得留一份給我。後來我學習心理學，經常要去參加各種培訓，有時我會為不菲的培訓費發愁，事後我向他提及此事，他說：「沒錢你跟我說啊！」我說：「跟你說你就能替我解決嗎？」他說：「我有錢就給你！」

他從來不抱怨、指責我這事做得不對，那事做得不好。慢慢地我有了這樣的感覺：「犯錯」可以不必受到指責，因為**錯誤不一定是真的錯了，而是代表著人們對這看似錯誤的事物所具有的容納力**。一件事物在可以容納的範圍內，無論多麼離譜，都不算錯，而是正常的生活。

別因假性錯誤攻擊自己

其實，錯誤需要分成**真正的錯誤和假性錯誤**。真正的錯誤是指由於某些不對的認知或行為導致了事情不好的結果，造成這個結果的人需要為自己的失誤而負責，此時「負責」本身已成為他為自己做的事情所付出的代價。除此以外，他不應該再受到任何埋怨、謾罵甚至人格上的攻擊，因為錯誤本身已經是懲罰了，他所能受到的最好的教訓就是面對錯誤並且承擔它的後果，這也從另外一個方面說明了「**錯誤是用來學習的，而不是用來指責的**」。

假性錯誤是說，一個人（A）認定他人（B）沒有按照自己的主觀標準去行事，所以他人（B）「犯了錯誤」，因此A忍不住要去攻擊B。A沒有想過，B是真的做錯了嗎？B錯在哪裡呢？也許B不過是按照自己的方式去做事，如果這也算錯誤，那麼A就是控制欲過強了。

當我們面對真正的錯誤，它所需要承擔的責任會被我們受到的指責和攻擊所替代，似乎我們挨了罵就不用再去負責了。但其實，負責比挨罵更有意義。很多時候，我們害怕犯錯不是因為錯誤有多大的殺傷力，而是害怕來自外界和他人不懷好意的評價，以及直接的指責和攻擊。

生活中我們更常遇到的是「假性錯誤」。假性錯誤可分為意識層面和無意識層面兩部分。從意識層面來講，我們因沒有符合他人的主觀標準而被指責或遭到不友好對待時，也許會懷疑「自己是不是哪裡做錯了」，但更有可能，我們會懷有憤怒——我們已經意識到來自他人的控制。無論懷疑還是憤怒，都是可以被意識到的，我們不會被這種情緒影響太深。

然而更深層次的「假性錯誤」卻是不合理的信念，這是從無意識層面來講的。比如「我要充分利用時間」（浪費時間是不對的）、「我要成為一個優秀的人」（不優秀就不配被愛）、「我要成為一個社交達人而不是書呆子」（孤獨是可恥的），等等。

一如本文開頭的讀者，她覺得自己追劇是不應該的，確切地說不是不應該追劇，而是不應該「追劇追到忘我」——作為一個媽媽，不管小孩整潔；作為一個女兒，不去探望父母，這哪裡是一個正常人能做出的事情呢？

也許她常被教導，在正確的時間做正確的事情。在該做什麼的時候沒有去做，這會嚇到她，令她覺得自己的行為實屬不該。但也許嚇到她的不是事情本身，而是年幼時沒有按照父母的要求去做事時曾遭受過的責難。

我們都有這樣的感受：從小不被允許的事情，長大後你也很難允許自己去做。所以我們一直都在為滿足父母或他人的期望而努力著。這也是為什麼我們很想放縱一下自己，又覺得這是一種罪惡的原因。

踢走不屬於自己的聲音

現在很多人都在說「我一定要幸福」，卻很少有人仔細思考幸福的真諦。如果有人告訴你，幸福不代表優秀、成功、自律，它們是兩件事，你願意相信嗎？

我知道你是存有疑惑的，你可能會說：如果優秀和成功不能帶來幸福，如果不思進取或沒錢也可以幸福，那我寧可不幸福！是的，一直以來你對幸福的看法就是可以實現某個遙遠的目標，當有不同的觀點向你展示「可以不去追求那些目標」時你就慌了，認為自己已被判刑——再沒有幸福的可能。

其實，幸福的含義是「**寬容、不指責自己，並允許自己做任何想做的事**」，無論你處於什麼狀態，有什麼想法，你只需承認它們的合理性，同時不給自己設置嚴苛的標準，或不因「做錯了」而責難自己，就是幸福。

我有一名案主，她很討厭在工作中被人評價「粗心」，這個時候她會有一種羞愧和屈辱的感受，她會臉紅，但努力不讓其他人看出來，過後她久久不能從自己的情緒中平復。當回過頭去探究在她的童年時代發生過什麼，她首先回憶起的便是經常被父母用這樣的言語指責：「你看你，這麼簡單的事情都做不好！」似乎事情沒做好是這個「人」

無用，而不是事情本身有什麼問題，比如大人沒有吩咐清楚。成年後當她在工作中被評價「粗心」的時候，她首先感覺到的就是被指責，從而被從童年起就擁有的羞愧和屈辱淹沒。

如果她可以把「事情」和「人」分開，瞭解被說「粗心」可能只是因為工作上沒注意的小環節，而不是籠統地將事情沒有做好歸結為「我這個人就是不好」，這樣也就走出了自我攻擊的輪迴。

也許會有人認為，如果我不鞭策自己，我就會因驕傲而目中無人，這樣我就會不思進取了。這是指人必須在自我鞭策的狀態下才會變得「優秀」，可是優秀又是為了什麼呢？

你可以讓自己變得優秀，但那是出於你的內驅力，比如出於你對某個領域的興趣，而不是為了證明什麼。一旦你需要透過優秀來獲得認可或讚美，那麼優秀對你來說就是一種手段，而不是你最終想要達到的目的，也因此當人們拚命追求優秀的時候，哪怕他已經很優秀了，還是不覺得自己很幸福。

真正知道何為幸福的人，從不會苛待自己，他們允許自己做一個自由且「無用」的人。但這不代表他們對自己沒有任何要求，或允許自己「墮落」。

就像小孩子會爬、會走路了，他會對自己非常滿意，感到很幸福，但還是積極投入到學說話的嘗試中，這是內驅力的驅使。反倒是當一個小孩的頭腦中經常存有質疑、批評、貶低的聲音，它告訴這個小孩「我還不夠好」時，這樣的聲音只會削弱小孩對自己的滿意度和幸福感。

也許我們都曾是這樣的小孩，那我們有沒有仔細思考過，這樣的聲音是從哪裡來的？我們又是怎樣認同了它呢？那些我們所認同的聲音，就是對我們的限制，一旦我們不想按照那個聲音的要求去做，我們就會有深深的自責和愧疚。在這個過程中，我們壓抑的是自己的內驅力。內驅力是充滿活力的生命不可缺少的一股力量。

當內驅力告訴你「我想來一場說走就走的旅行」、「我想吃一堆巧克力和冰淇淋」「我今天什麼都不想幹，只想美美地追一天劇」，你會允許自己這麼做嗎？你的意識會告訴你「我不應該這麼放縱」嗎？

也許你該換個角度來考慮：難道我不應該滿足自己嗎？我沒有讓自己感到滿意的義務嗎？

是時候把不屬於自己的聲音從腦海中剔除出去了，它不能給我們帶來任何幸福，只會成為我們施展拳腳的束縛。在社會的宏觀規則中，我們想做什麼，就應該去做什麼；我們不想做什麼，就可以不必做什麼。允許自己不那麼優秀，不那麼積極，不那麼有用，而不必懷有愧疚。

當我們學會愛自己，允許自己在任何狀態中都不會自責，幸福就來敲門了！

◆允許自己成為「無用」的人

- 不對自己設限，也不自責，明白我們有權利這麼做。
- 將人與事分開，懂得「錯誤」是方法不對，而不是人不好。
- 勇敢地做想做的事。

放棄對他人的期待，獨自成長

這世上註定有我們無法得到的東西

我們註定無法得到的東西，不是錢和理想，不是快樂和幸福，不是某個職位和地位，也不是我們認為很難達到的某個境界，而是對他人，尤其是父母的期待。

很多時候我們會不自覺地懷有這種期待，就像不自覺地呼吸一樣，存在卻不能被時刻察覺。我們認為父母應該是強大的，應該提供給我們支援和理解，應該盡到父母的責任。一旦他們不是我們想像的那個樣子，我們就會失望，仿佛世界欠了我們。

我們很少能夠意識到這是一種執念。也正是由於這種執念的存在，我們才背上了沉重的包袱，令我們一方面覺得很累，另一方面又不願或捨不得丟掉它。

有個叫落落的網友說，她在一年前離了婚，帶著三歲的女兒住在媽媽家裡。父親是被企業復聘的高級主管，母親是退休的大學教師，她自己在青少年中心教鋼琴。一家人的經濟條件很不錯，外公外婆對孫女也是極盡寵愛，哪怕離婚也沒有讓落落消沉太長時間。

在外人看來，這是個很不錯的家庭，至少表面看來沒有任何不得體的地方，可是常常有一股看不見的硝煙瀰漫在每個人周圍。

這股看不見的硝煙是什麼呢？是母親的指責和埋怨：家裡環境太亂了，管小孩的方式不對了，等等。母親甚至抱怨落落的女兒占用了她太多休閒時間，讓她不能外出聚會、旅遊。於是去年落落狠心把兩歲半的女兒送進了幼稚園，可一個月下來小不點兒卻生了四場病，落落母親又差點崩潰，還是接回家裡老老實實自己帶著。然後，新一輪的指責與埋怨仍然繼續。

落落問：「這樣的生活何時才能結束？」

我說：「快了，等女兒長大了，能正常上幼稚園了，你也搬出來住，糟糕的狀態就結束了。」

落落又說：「我的收入支撐我和小孩的生活沒問題，要是再租房子就不夠了。」

我說：「可以想辦法多賺錢啊。」

落落說：「可是我們家是大房子，我再去租房子，總覺得是在花冤枉錢。」

我說：「看你怎麼選了，要嘛花錢買清靜，要嘛繼續忍受你媽媽的抱怨。」

過了一會兒，落落又問道：「難道就沒有既在一起住，又能和平相處的方式嗎？」

我愣住了，盯著這句話看了好長時間，一邊看一邊思考：這到底是個什麼樣的問題？

「難道就沒有既在一起住，又能和平相處的方式嗎？」

一聽到這個問題，我很想問落落一句：「你想要表達什麼呢？」但我沒問，因為我猜她也許不知道我在問什麼，或者直接把同樣一句話再扔給我一次。

那些結婚後沒離家，或者沒有結婚甚至沒有成年的大人小孩，只要仍然和父母住在一起，莫不抱有同樣的疑問：難道就沒有與父母和平相處的方式嗎？

我覺得有。但在說明答案之前，不妨先來看一下，是什麼導致我們不能和父母和平相處，明瞭了原因，才能對症下藥。

我覺得一個原因就夠了，那就是父母對你不滿意，因為你沒有達到他們的要求。比如，父母嫌你學習不努力，嫌你不懂禮貌、不會做事，嫌你把家裡弄得一團糟，即便你收拾了也不是他們想看到的樣子，嫌你穿衣太隨便讓人看起來不舒服，嫌需要為你付出那些本不需要付出的時間和精力……嫌棄的東西太多，自然會有指責和抱怨，父母不是神仙，而是普通的、甚至有瑕疵的人。

與父母和平相處的辦法

1 如果你很看重父母的認可，那就按他們的標準行事

這裡有一個重點，那就是搞清楚父母的標準是什麼，比如取得什麼樣的成績才算努力；房間裡的書要橫著擺還是豎著放，才算整潔；衣服的顏色樣式要怎麼搭配才算入父母的眼……

你不能說「要努力、要把房間打掃乾淨、要穿得落落大方」，把這些空洞的內容當成讓人執行的標準，因為每個人做事的方式不一樣，每個人對努力、乾淨和落落大方的理解也不一樣，**很多時候起衝突並不是因為我不願意滿足你，而是因為我根本不清楚你想要什麼**。

2 如果不甘心按照父母的標準行事，那就忍受他們的指責和抱怨

也許即便我清楚你要什麼，我也不想按照你的要求去做，因為我有自己的想法。我什麼都按你說的去做，我自己又在哪裡呢？這樣也很好啊，有主見總比事事聽從他人更容易適應社會和獲得快樂。

可是當你想做的恰恰和父母的要求不相同時，你會怎麼辦？你還能怎麼辦？被罵就

被罵嘍，被指責就被指責囉，難道父母連發脾氣的自由都沒有了嗎？

那你可能會說，我被罵了心情會不好哇，處在那種壓抑的、羞愧的、自我價值感很低的感覺中簡直糟糕透了！難道父母需要為你的情緒負責嗎？誰又能為誰的情緒負責呢？這就好像說，你渴了你餓了，只有你把水喝到自己肚子裡，把食物吃到自己肚子裡才算滿足需求，別人喝水吃食物只能算是替他們自己負責啊。

被罵、被指責除了心情不好，還有另一個選擇，就是不把它當回事，它跟你沒關係。做這樣一個選擇其實也很容易，只需要腦袋裡轉個彎：父母罵的並不是你，他們罵的是自己內心裡面那個「犯了錯」的小孩。事不關己高高掛起，很難做到嗎？除非你認同了父母，認為他們罵的是對的，這樣你確實就走不出陰霾了。

如果你不滿足以上兩點，你既想按照自己的標準行事，又要得到父母的認可，那就是鑽牛角尖自己找罪受，因為父母不會按照你的願望變成你想要的樣子。你又何嘗按照過父母的願望變成他們想要的樣子呢？

期待的背後是自己的無能為力

最後的問題是，也許你越不過去的那道坎在於：他們為什麼就不能允許我遵從自己的標準什麼話也不說呢？你莫不是在乞求父母的理解與支持，乞求他們無條件的愛，得不到便一直在糾纏、至死方休？

那個名叫落落的讀者，她問「難道就沒有既在一起住，又能和平相處的方式嗎」，其實她問的就是這個問題，她想要的就是父母的理解與支援甚至無條件的愛，假使她能得到，她認為自己和父母就能和平相處了。

但這是不可能的。如果他們能給，早就給了。退一步說，再寬容、有愛的父母也有犯錯的時候，父母不是萬能的。所以，這世上註定有我們得不到的東西，那就是對父母的期待。什麼時候我們抱著這份期待，什麼時候我們就解脫不了自己。

這很悲哀嗎？有兩個角度，看你選擇哪一個。

第一個角度是，父母永遠滿足不了我們對他們的期待，這讓我們終生活在恐懼與不甘當中。這樣想是挺悲哀的。

持這種信念的人們，相信自己是弱小甚至不存在的。他們常常無視自己的力量，在關係中要嘛服從，要嘛對抗，對抗不過，則要求對方的理解，否則就自我絕望，鮮少尋找到「第三種方法」彼此妥協，既不得罪對方，也不會讓自己太難過。

第二個角度是，放棄期待，承認父母和自己一樣是個平凡的人，他們也有想不通、做不了，甚至不願去做的事。接受這一點，我們就獲得了對自己的寬容。

也許有人說：我也想自己替自己做主，可是父母並不允許我有自己的主張。這個問題說白了，根源還是在自己身上——**你需要有替自己負責的意願**。

我很喜歡這樣一句話：「悄悄地發展自己。」當父母的命令和要求扔過來的時候，他們也許有自己的道理，但這不代表你的想法就毫無意義。你需要尊重自己，並在背地裡恰當地滿足自己。

我還喜歡另一句話：「當我們無法和內在小孩進行連結的時候，實際上是我們丟失了內在父母。」

當你的「內在父母」尊重、愛惜並盡可能地為你的「內在小孩」提供便利時，比如把「小孩」拉到一旁偷偷塞給他一個棒棒糖，並告訴他說：「我知道你不被允許吃糖，但是吃一塊沒什麼大不了。」或者獎勵「小孩」一個他真正希望得到的東西。這樣既沒有耗竭地對抗那個真正的父母，也使自己得到了某種滿足。於是我們得以相信自己，無論環境多麼惡劣，我們都是可以靈活發展的。

「相信」真的是一種神奇的力量。一旦你從內心最深處相信「我有一百種方式可以讓自己得到滿足」，周圍封閉的空間就相當於敞開了無數的窗戶。你得到的只有自由。

◆獲得好的「內在父母」，愛你的「內在小孩」

- 回想那些與人交往中的溫暖時刻，他人的舉動或語言是如何點亮了你的心。
- 你想讓別人如何對待你，你就如何對待自己。
- 及時肯定並鼓勵自己，任何情況下都不要忙著先批評自己，而是盡量尋找解決的辦法。

傾聽內驅力的指引再出發

相信自己選錯了，經常導致「後悔」

有個讀者告訴我，他買了一間房子，幾年後房價漲了將近四倍，他覺得自己賺到了，就賣掉房子拿那些錢去做生意了。可是生意並不好做，他幾乎血本無歸。然而他賣掉的那間房子市價又翻了兩倍，所以他很後悔，後悔不該那麼早賣掉房子，現在的他一間房子也沒有，再買房子幾乎是不可能的，以至於他覺得生活無望，做什麼都提不起勁來，每天只好「苟且」著過。

我想，如果一個人經常有悔不當初的想法，那就證明他從未對自己負過責任，因為他從不想失去任何東西。人生的每一個選擇無不是「一邊走一邊丟」，不想丟掉任何東西，也就不能獲得任何東西。不能獲得想要的，那就只好後悔，以為是自己當初的選擇有誤。

就像我的案主A，她後悔嫁給了她老公，覺得當初她聽媽媽的話找個門當戶對的婆家，也不至於過得那麼痛苦——要錢沒錢，要地位沒地位。她也經常後悔扔掉本不需要的東西，比如包包、衣服、漂亮的包裝盒，扔的時候一腔熱血，扔完了之後又覺得自己做錯了。她相信自己的每一個選擇都不是正確的，所以最好不要選擇。

對她來說，不選擇就不用承擔責任，責任意味著痛苦——無論做什麼樣的決定，她總會被指責，被埋怨。既然這樣，不如「苟且偷生」。

「後悔」是生活中經常會發生的一種心理狀態，它似乎在說：如果我當初不那麼做就好了！

後悔是因為目的不明確

在《放棄的藝術》一書中，提到過有關「後悔」的兩個心理學實驗。其中一個實驗的結果說明人們會為了那些採取過行動的事情而後悔，因為採取了行動就要為這個行動負責。假如這個行動導致了失敗的結果，那麼人們就會認為當初的行動是錯誤的，於是陷在自責的情緒中出不來。

我有個親戚被以網購下單錯誤為由騙了兩千元，當他反應過來被騙了的時候，他後悔自己怎麼就輕易相信了騙子，無數次想「這件事情要是沒有發生就好了」。

書中提到的另一個實驗結果是說，人們會為了那些想做而沒有做的事情後悔。這似乎推翻了前一個實驗結果。比如「我後悔當初沒有向她求婚」、「我後悔沒有獨自去做一場旅行」、「我後悔沒有按自己的心願去讀一個喜歡的科系」……。

那麼，到底是做了的事情更容易導致後悔，還是想做而從未做過的事情更容易導致後悔呢？這本書也給出了答案，那就是：採取行動帶來的後悔是有限的，但不作為帶來的後悔卻具無限性。因為面對做過的事情，人們雖然後悔，但有機會對它進行合理化，比如被騙了兩千元，對這件事進行合理化的結果就是：好在是兩千元，不是兩萬或二十萬，經一事長一智，破財消災；我很高興騙子是他不是我，我在死的時候不會對此愧疚。

本文開頭的那個讀者，他後悔自己過早地賣了房子，如果我是他，我會想那錢根本就不屬於我，老天既然這樣安排我的命運，那就一定有他的道理，我要好好琢磨他這樣安排的意義到底是什麼；我經歷了這麼多痛苦，如果不能從中體會出別的意義，那就白白地痛苦了。

選擇一個讓自己感到舒服的、有意義的角度，對那些後悔的事情進行合理化，之後，這件事情就過去了，它不過是人生長河中的一個小小插曲。所以從長遠來說，做過的事情不會成為一生的遺憾，反倒是那些想做而從未做過的事情，人們沒有機會對它進行合理化，所以心有不甘。

再進一步說，「想做而沒有做的事情」重在「想做」，而不是做不做都行。只有想做卻從未做過，才能成為遺憾；不想做也從未做過，是不會留有遺憾的。所以人們才會說，人生在世一定不要委屈自己，想要什麼就努力去實現、去獲得。

可是你能清楚分辨自己想做或想要什麼嗎？這才是重點！

你確定自己想要獨自進行一場旅行，是為了在旅行中可以收穫新鮮的經驗和不同於以往的觀點，而不是為了逃避職場的壓力或跟其他人聊起來的時候擁有話題？

你確定自己嫁給一個男人是因為愛他，想和他共度一生，而不是為了儘早掙脫父母的控制以及有一個人可以依賴？

你確定自己賣一間房子去做生意，是為了擁有某些生意經驗，過一種生意人的生活，而不是純粹為了賺錢或其他目的？如果只是為了賺錢，你應該想到生意人並非一定都是賺錢的。

當你知道做一件事情是為了什麼的時候，無論成敗，你都不會後悔。反觀那些容易後悔的人，都是因為起初的目的不明確。

不知道做一件事是為了什麼就盲目地去做了，得到了好的結果自然很慶幸，得到不好的結果就開始後悔了，恨不得這件事情從沒有發生過。這是不能為自己負責的表現。

你是行動導向？還是狀態導向呢？

「**行動導向**」和「**狀態導向**」這兩個概念也出自《放棄的藝術》這本書。舉例來說，「行動導向」的意思是，一個人在台上演講，他主要想的（目的）是怎樣能準確表達出自己的觀點，以及如何用他的觀點幫助更多的人；「狀態導向」的意思是，同樣是這個演講的人，他更多考慮的是台下的人會怎樣評價他。

行動導向的人聚焦於「怎麼做好這件事」，狀態導向的人更多地考慮「事情之外的東西」。

當有一個主要目標或主要意願在支撐一件事的時候，做這件事的人就能很好地為他自己負責，他只管如何把這件事做成、做好。即便這件事沒有成功，他也會覺得自己已經盡力了，不會為所做的事情後悔。

當一個人不知道做一件事是為了什麼才去做的時候，他是沒有主動且明確的選擇的，如果這件事的結果很糟糕，他會埋怨環境、埋怨他人，看似是他人給他造成了困難，實則這困難是他自己帶來的。

所以，**真正的選擇是考慮這個選擇能讓我們得到什麼，我們又願意為它付出什麼**。做出真正的選擇之後，就會願意為它在所不惜。這時我們的內驅力才算真正啟動了。

寫到這裡，我想到一個朋友——小青。小青的鄰居在生日時得到一輛LEXUS新車，是鄰居的老公送的。小青聽說這件事後，就對自己老公說了。小青老公說：「那也沒多少錢，你想要我也能送給你。」小青搖搖頭，說：「我不要。」小青老公感到很奇怪，問道：「那你為什麼告訴我這件事？」小青愣住了。

當小青轉述給我時，她說：「你說我為什麼對他說這事？明明我不喜歡車，也沒時間開車啊！」

我說：「你不喜歡車，但你喜歡被關愛。」她聽了若有所思。

又隔了一段時間，她很興奮地告訴我，她請了長假，並聯絡了一個蛋糕店去做學徒。我有點驚訝。我很瞭解她，多年來她把工作放在第一位，因為她擔心自己的收入不夠母親養老，也焦慮存不夠將來兒子出國留學的錢。她的金錢、時間和精力都屬於家人，唯獨不屬於她自己。她其實有自己的愛好和夢想，那就是開一間麵包店。如今她終於大夢初醒，意識到她的錢給母親養老已綽綽有餘，至於兒子，也不需要她操心那麼多。她決定好好對待自己：回一下頭，沿著小時候的夢想一路走下去。

我說：「你想好了嗎？你想得到什麼呢？」

我以為她會說「我喜歡創作麵食/甜品/完成兒時的夢想」，誰知她說：「我做什麼其實無所謂，只要我能和真實的自己待在一起，我要這樣度過我的後半生。」

在我看來，她完成了生命轉折實質性的一步：以前她是為別人活的，現在她開始為自己活。「**為自己活」是一個明確的目標，圍繞這個目標進行的行為不會使人焦慮或後悔**。

◆　◆　◆

我們都嚮往詩與遠方，嚮往充滿活力與夢想的自己。但是不如意的現實每每令我們失望、厭倦，以致我們消極地應對生活，或恨不得將人生重新來過。其實，造成我們無法割捨過去，又恐懼未來到來的障礙，不是對現實的不滿和苟且，而是由內驅力導致的選擇。我們有想要達成的真實目的，需要我們持之以恆地為此目的行動。

◆讓我們確定自己真正想要的事物

- 回想你生命的早期，有沒有一件事物讓你著迷，但後來你卻不做了？
- 著迷的事物不能以「有沒有用處」來判斷它值不值得，著迷本身就是價值。
- 也許你的喜好並不明確，它只是一個籠統的感覺，不妨憑直覺去做。很多時候明晰的目的是在行動的過程中得到的。

自信自尊，你的人生更值得

一個成熟的人格是可愛的

我有一位朋友令我印象深刻。四十七歲的她紮著馬尾，面容姣好、明媚，彷彿是經典港片中那個任性、跋扈卻極其漂亮可愛的小女人。但如果仔細觀察，歲月還是在她身上留下了不少痕跡：她的聲音不再甜美，與她的年紀相吻合；有抬頭紋、雙下巴和眼角的皺紋……。

我們自然知道歲月不會饒過任何人，哪怕是明豔動人的明星，但我們不覺得這有什麼，因為讓我們感到舒服的不只是「這個人有多美、多年輕」，還有她的認知和對待愛情與生活的態度。她在面對丈夫的付出時，就這樣說道：我愛他，我每天都愛他，不會只因為他為我準備了一頓大餐才愛他。

很多時候我們喜歡一個人，並不僅僅是外表，更多的是對方的見解、真實、如何對待生活，以及我們從對方身上獲得的感悟與力量。這些被統稱為一個人的人格。人格是隨著人的年齡不斷增長而成熟的。

當然年齡與人格並不呈線性關係，其中還包括諸多因素的影響，比如一個人是否意識到自己的不成熟，並決定去改變，或接受不能改變的方面。

外表和內心之間的衝突

現實生活中，誇獎一個女性狀態好、生活幸福時常見的語言是：「你真是愈活愈年輕！」或是：「真羨慕你逆齡生長，『少女感』爆表。」而被誇獎的女性大多會很喜悅、自豪。反之，女性也會以自己是否年輕作為自我滿意的重要標準之一。

究其原因，除了年老色衰帶來的喪失感，比如隨年齡增長，身體的靈活度會降低以及慢性病痛前來侵擾，還有重要的兩點。一是女性會以男性或社會為女性制定的標準來要求自我。聽聽那些社會的主流觀點就明白了：

你都這麼大歲數了，離了婚還怎麼找伴！男人四十一朵花，女人四十豆腐渣！

有些男性也會有這樣的審美，認為年輕的、少女氣十足的女性更值得愛，有人說這是出於男性的陰謀，因為年輕女性相對來說頭腦更簡單、性格更單純，也更容易控制。而愈年長的女性對社會和男性看得愈透，愈不好哄騙，在男性那裡也就不那麼可愛了。

二是「年輕」、「少女」這樣的詞背後代表的是享受關愛、拒絕承擔的潛意識。只獲得不付出，這是容易的，也是會上癮的，更重要的是它能在表面上填滿某些女性兒時未被滿足的「空洞」，因此愈是不怎麼成熟的女性愈會對自己是否年輕、是否「少女」很在意。

◆　◆　◆

我有個案主，她今年剛三十一歲，但早在她重考大學時她便覺得自己「老」了，她內心對這點深為抗拒。

從小學開始，她一直是老師眼中的優等生，是父母眼中的乖女兒，因為早入學一年，她還是同學、朋友眼中的小妹妹，生活中處處享受照顧和關愛。她認為重考之前的生活是她人生中最美好的日子。

她本來第一年可以上大學，但父母想讓她重考一年考個頂大，她不情願又不敢違逆父母。結果重考後她發現周圍全變了：同學不好，老師不好，父母好像也變得更嚴厲了。她將這一切歸結為自己憑空「大」了一歲，年齡上沒有了優勢，再不是周圍人的焦點。從那時起，她開始憂鬱，後來愈來愈嚴重。

她憂鬱的真正原因，其實是一直以來她都沉溺於自己被保護、被遷就的感覺中，以此維持「我還是一個小孩」的假象，拒絕承擔隨著年齡增長而應完成的外部事情和心理任務。她拒絕看到真相，只在表面痛恨自己「為什麼那麼年長」，並一再幻想自己可以回到重考前的時光，似乎只要這麼做了，一切煩惱就都不復存在了。

這樣病態的幻想和看起來很正常的各種重塑年輕的手段，其實異曲同工。

願你活出不懼歲月的樣子

在心理學上有個觀點：一個人的外表看起來與實際年齡的相符度，決定了內心的衝突大小，也間接決定了幸福感。比如一個二十歲出頭的人看起來老氣橫秋，說話言不由衷，早早長了白髮，那麼他也許一直在承擔著不屬於他的責任，內心有太多糾結，這樣的人自然是不美的。

而另一個極端則是一個人雖然年紀已經不小了，卻還是用醫美過分維持外表，比如一些耳熟能詳的明星。也許她們不能接受美人遲暮，可她們總是忽略一個事實：再遲暮的美人也是美人！將真正的美掩蓋掉，取而代之的是刻意的修飾，難免令人覺得匠氣有餘，靈氣不足。

那什麼才是真正的美呢？我覺得那是一種「吻合」，而非「違和」；是「順」，而非「逆」。在什麼年紀就擁有相應匹配的外表和內在，不因容顏的逝去而灰心，深知有更美好和值得追求的事物可以支撐之後的歲月。

很多人都喜歡馬伊琍，不只因為她演技好，還因為她在現實中對自己和生活的篤定感。相傳她是「整容臉」的「噩夢」，亦被稱作二〇一八年上海戲劇學院藝考的「史上最嚴考官」，她是這樣說的：「我覺得天然的才是最重要的，後天加工雕琢過的就失去了原有的意味，而且我覺得作為一個演員，內心的自信是最重要的。」

其言論的內涵曾在她回答記者提問時表達出來過，有記者問「國內影視劇對中年女演員不太友好，你怎麼看」時，她說：「三十歲、四十歲都是年輕人啊，怎麼就叫中年了呢？」

是啊，三十歲、四十歲甚至五十歲又能怎麼樣呢？自己不覺得「老」，就永遠年輕；自己不覺得「老」，又怎會想到透過醫美逆齡？而這個「不覺得老」，會帶來多方面發展的可能性，這便是自信。對女性來說，沒有任何手段比自信更能帶來充滿活力的人生，而「活力」一詞的另一種含義，則是「外在與內在的統一」。

自信是什麼？它是一種感覺，它讓你認定自己是個獨立、有力量的人。**「年齡」的真正含義是要求我們勇敢地承擔歲月給我們帶來的任務，從而不負歲月在臉上刻下的紋路**，它不意味著「歲月是個可怕的東西，我們需要逃避它」。真正將這一點做好的人永遠不會羨慕外表的年輕化。

這就好像一個比喻：登山有上千級台階，你站在幾十級台階覺得看到的風景很美，就不想再往上走了，擔心失去眼前的風景；但有人站在幾百級台階上，風景已經提升了幾個層次，又怎麼會願意回到幾十級台階上呢？除非這人一路上來不看風景，所有的關注點只在累或煩躁的感受上，那麼這人倒有理由認為「還是原來更好」。

我看過網路流行的一篇文章，文中提到：「三十歲時覺得自己還很年輕，拍照時加個美顏，跟二十幾歲差不多。但最近照鏡子，發現歲月確實不饒人。整個臉部的肌肉走勢提醒自己裝不了嫩了，頗有些中年危機。但如果問我，想不想回到三十歲，可能真的也不想。」

我看了只想笑，是那種理解透徹的笑。對女性來講，年輕和水嫩真的沒有那麼重要，重要的是自信和自尊。它們會提升我們對自己的滿意度，因此我們不會在乎自己是不是年輕或看起來有多年輕。

只有當我們嚴重忽略自己的內在價值時，才會過分看重外表帶給別人的感覺。從這個角度講，我們是選擇將「別人對我們的美好感覺」當作生活的基石，還是將「提升對自己的滿意度」當作生活的基石呢？聰慧的人早已了然於胸。

願每個女人都不懼歲月，活成應有的樣子！

讓我們打破對年輕的誤解

- 真正永保青春的是心態和活力，而非外表。
- 我們以為年輕化、少女化的臉龐能夠「使他人覺得自己美」，其實可能是我們的錯覺。
- 他人認為我們很美很年輕，跟我們沒有多大關係，真正跟我們有關係的是我們對自己的感覺，即接不接受自己真實的樣子。

不屬於你人生的東西要放手

當代中年人的生活圖鑑

1 必須擔起家庭的重擔

我有個朋友，近幾年她家的生意出了點問題，賠進去一些錢，生活立即捉襟見肘。家裡倆小孩上的都是私立學校，一年學費加才藝班的錢所費不貲。朋友覺得她再也不能坐以待斃了，她就像電視劇《我的前半生》裡的羅子君一樣，重新步入職場，找了一份當前能夠勝任的工作。

她的工作是業務，為一家公司賣含硒食品。這份工作需要很早起來發傳單，以及追蹤回訪客戶，同事間的競爭也很厲害，稍有懈怠，潛在客戶就歸別人了。她很拚，也變得有些計較得失，因此遭到了同事的排擠。按照她正直的個性，這件事發生在以前，她早不幹走人了，但現在她知道，她有小孩要養，她多努力一分，自己就能更踏實一點。於是面對同事的猜忌、謾罵以及客戶的白眼，她選擇把自己當成一塊石頭——石頭怎麼會有感覺呢？

這真是「隨便你怎麼看我，我一定要得到我應得的那部分」。看起來臉皮夠厚，但也只有瞭解生活不易的人才能體會箇中滋味。

❷ 需要為父母養老

電影《我不是藥神》中，中年人程勇是個窮光蛋，老婆跟他離了婚，他帶著兒子，照顧患有嚴重心血管疾病的父親。醫院多次下達通知要儘快手術，但他沒錢，看著被病痛折磨的父親，他只好在明知犯法的情況下鋌而走險，去印度走私藥品「格列寧」。

這也許是許多中年人的真實寫照。當年邁的父母躺在病床上，貧困的我們馬上就感覺自己不過是一隻螻蟻，我們真的沒有資格去計較什麼。

哪怕我們還算小有積蓄，就像某個冬天曾經小有名氣的《流感下的北京中年》網路長文的作者，他的岳父得了重度流感，如果上人工肺，那麼把家裡所有的理財產品、股票再加上老人養老的錢，理想情況下也只能撐三四十天，四十天以後呢？賣房子！再沒有房子可賣的時候呢？想想都覺得可怕！

3 身在職場本身的壓力

我還有一個朋友，收入不算高，卻要一天二十四小時待命。有時候她帶著小孩來我家串門子，手裡拿著手機，耳朵裡塞著耳機，說正在開線上會議。平時她負責人力，但還要為公司的產品寫文推廣，外加社群帳號排版。主管一個電話下來，她還要拎著行李去出差。

有時我問她，是不是該叫主管給你加薪了？她說：主管覺得該加的時候肯定會加的。我說：可是你做了很多不屬於你的工作啊？她說：那些工作都沒什麼技術性，我的學歷不高，專業性也不強，只能多做一點，做得多還能學得多，以後人員調動我也不愁找不到工作。

很多時候中年人面臨的壓力是難以言說的，他們的各種角色設定決定了他們不能馬虎行事，因為如果失敗了，從頭再來是不可能的。

中年人面臨的重重困難

首先，人到中年，自我實現受阻。有個中年讀者跟我說，他是個內科醫生，本來很熱愛這個工作，但近年來醫病糾紛愈演愈烈，主任為了息事寧人，明顯做出一些不利於醫生工作的決定。這讓他經常有一種無力感：努力工作吧，沒有意義；把精力投入年輕時懷有的夢想吧，好像也沒有那麼容易。

我很理解這種衝突，一方是做自己，另一方是他人和社會的期望，當一個人成功適應了外部環境並有了一定成就時，會因某些突如其來的變化而開始懷疑自己，或覺得空虛、無意義。這就是榮格所說的「中年危機」。

其次，人到中年，比較心態依然過重。比家產、比小孩、比地位、比見識、比誰去的地方更多更遠。

我有個大學同學在城市做著一份普通的工作，家裡有一個小孩，居然在郊區搞了三處房產，然後又說壓力很大。其實他完全可以賣掉一兩間，但他的回答是：「現在都是買房子，哪有賣房子的？人家會以為你山窮水盡了！」可見還是「不窮」，但這個「不窮」並不是從容得來的，而是過多的壓力換來的。過多的壓力和從容之間，孰輕孰重，雖然不同的人有不同的看法，體現的卻是愛不愛自己的區別。

最後，人到中年，對於衰老和喪失的恐懼比比皆是。我有一個畫畫的朋友，從三十歲開始頸椎就出了毛病，又過了幾年，經常感覺胳膊腿在睡醒之後是冰涼、痠麻的。醫生建議她多鍛鍊身體，她卻覺得活動無用，再活動，該老的還是會老，老了和年輕時肯定不一樣。比如皺紋增多、體力下降、肌肉鬆弛，對於某些事情心有餘而力不足等，想想都覺得絕望。

以前我們認為年輕就是永遠，就像就像張愛玲所說的，三年五載對於年輕人就是一生一世；當時間無情流逝，我們才意識到自己失去了什麼。這種對未來的不確定之恐懼，和對過去擁有的喪失之恐懼，是中年人絕望的根源。

真正能夠滋養中年人的，是「放下」

對於中年人來說，如果某些喪失是不可逆轉的，那麼最好的做法就是承認並接受那些喪失，然後從喪失中獲得發展的動力。

比如，放棄不能控制的事情。什麼是我們不能控制的呢？天氣不能控制，環境不能控制，別人對我們的評價不能控制，小孩的成長不能控制，等等。什麼是我們能夠控制的呢？唯有自己的選擇和態度：雖然年華逝去，但是我們可以選擇用積極的態度去看待——對世界的理解程度和年齡是成正比的，許多事情只有年紀到了才能真正理解；雖然小孩愈長大愈不服管教，但是我們可以選擇承認他的獨特性，並在必要的時候給予支持；雖然原生家庭不能改變，但是我們可以選擇接受那些缺憾，也**正因為缺憾的存在才成就了如今不一樣的自己**。

比如，放棄對他人的期望。生活中充斥著大量不滿、委屈、失望與受傷害的時刻，它們都與期待值過高有關。就好像你認為父母是全能的，他們應該為曾經待你不公而道歉，實際上並不是他們錯了，而是你的絕對性思維——「他們作為父母就應該怎樣對待小孩」將你自己置於痛苦的境地。

比如，放棄過於發達的人格面具。榮格說過，中年以後人要發展自己人格的各個方面，放棄致力於人格面具的努力。當一個人放棄人格面具的時候，發展的往往是人格中處於弱勢的方面，而這常常是人內在的精神價值。

比如，放棄過多無用的資訊。這些資訊包括來自網路各方面人云亦云的觀點，以及他人對我們的評價。一個人愈在意外界的眼光和評價，就愈不知道自己想要什麼。我們有必要仔細審視自己，分清哪些是別人的要求和期望，哪些是從自己內心生長出來的真實願望。當我們能夠很好地成為自己的時候，我們本身就是處理資訊的「篩檢程式」。

比如，放棄某些欲望。欲望只是欲望，不能當作目標。就像你有了大房子還想要別墅，開著賓士卻覺得瑪莎拉蒂更好。於是你不停地追，追不到不滿意，追到了又空虛，繼而轉奔下一個欲望。這樣的你本想掌控欲望，但最終卻讓欲望掌控了你。被欲望掌控，人是不得安寧的。但這不是說不必有所追求，而是指不為還沒有追到的而痛苦，同時可以體會當下擁有的並為此感恩。

當我們不害怕放棄，並懂得放棄不是喪失，而是為前行減輕負擔的時候，放棄本身就會成為我們力量的來源。

但願我們都能做一個「識時務」的中年人，從容面對自己的後半生。

◆ ◆ ◆

◆讓我們成為自己人生的主人

只有適時放棄些什麼，人才能夠輕裝前行。人類是個相當奇妙的物種，如果把人的一生看作一個大的輪迴，那麼人在成長的每一個階段都是一個小的輪迴，比如嬰兒在出生時就喪失了子宮帶來的絕對舒適性，對此嬰兒充滿了恐懼。接下來這個嬰兒需要完成各個階段的任務，這是艱難的，同樣也伴隨著各種喪失。如果緊抓著喪失不放，則可能出現諸多心理問題。

只不過中年的喪失過於明顯和巨大，這一方面是生理機能的衰退所致，另一方面是社會屬性帶來的壓力所致。但我們有必要提醒自己：中年以後的人生屬於自己，沒有人能夠為我們負責。

為你真正熱愛的事情而努力

青春不是資本，豐富的體驗才是

我有個朋友是開診所的，每天忙得疲於奔命，夜裡十二點之前從沒能睡覺，數年如一日。一次我去她那裡打點滴，有點跟她聊天的空檔，她說：「我現在都四十多歲了，皺紋長了不少，以後到了五六十歲可怎麼辦呢！」

我說：「你想回到二十歲嗎？」她說：「做夢都想。」

嘿，也只能做做夢了。

◆　◆　◆

哪怕是做夢，我也不覺得一覺睡醒擁有二十歲的面容和身材是多麼美好的事。因為，有多麼年輕的外表，就有多麼年輕的內心。年輕是什麼呢？很多時候它是和「淺薄」與「蒼白」畫等號的。

什麼是淺薄和蒼白？我覺得它有這樣一種含義：我們目前的社會環境不太講究尊重個體，也不怎麼鼓勵個體活出自己，二十歲在某種程度上來說仍然是個小孩，雖然擁有成人的身體，但心理依然還處於與父母共生、與環境共生的狀態。多數二十歲的年輕人不太清楚自己想要什麼，沒有清晰的目標，也懶於努力和試錯，過於看重和依賴他人的評價，對未來有莫名的焦慮，太多不確定感讓自己感覺不到生活的意義。

哪怕二十歲擁有嬌俏的臉龐，能掐出水的皮膚，穿地攤貨都能穿出名牌風，對異性也有十足的吸引力，也不過是給這五彩斑斕的世界錦上添花——世界夠豐富的了，不在乎多你一份風姿。你有沒有理解、感受到世界的風姿，這對你來說才是實在的收穫！

馬伊琍在電影《找到你》上映時接受採訪，表示「四十歲才是一個女演員的黃金時代」，她說：「這個年齡階段的女演員應該是經歷最為豐富、可演的機會最多的，你們看到我演的好角色都是現在這個年齡階段，而不是年輕二十來歲的小女孩形象。」

我想，大概是因為她對自己的事業和目前的成就很滿意，她也知道等來這些好角色實在不容易，同時她從年輕過渡到中年的這段時間也被生活所挫磨，體會到作為一個女性、一個媽媽、一個演員的種種不易，這才有了「四十歲才是一個女演員的黃金時代」之說。這是一句陳述，更是一句感嘆。

但也許，她在年少的時候，並沒有想到將來有一天，自己會以如此篤定、穩重的姿態面向眾人。

誰不是從懵懂無知、雖淺薄但美好的青蔥歲月，一路跌跌撞撞走過來的呢？怕就怕沒有自己的喜好與堅持，沒有應有的信念，這樣即便到了五六十歲，也沒有「活過」並「正在活著」的真切感受，如此倒更有理由懷念二十多歲的時光了。

焦慮是不想面對目前現實的困難

不時有年輕讀者會在我的社群上問這樣的問題：

- 我想考研究所，又怕畢業後找不到更好的工作，白白浪費幾年時光，該怎麼辦？
- 我存了一些錢但還是不夠頭期款，我很著急，不知道以後我會過什麼樣的日子！
- 我媽催我結婚，我不想結，又擔心過了最好的年紀就更難找對象了，真是兩難啊！
- 我覺得自己的工作發展前景不大，想跳槽又得重新開始，這讓我很焦慮！

每次我看到這樣的問題都想說一句：「你著急什麼！」如果你二三十歲就什麼都有了，四五十歲才開始厚積薄發的人又該怎麼辦呢？

出身好、長得好，這些硬性條件是不容忽視的，但很長時間以來我們接受的教育是要對好的先天條件嗤之以鼻，因為那是「不勞而獲」。這真是個糟糕的做法，因為這只會讓我們無視自己與他人起點的不同，卻要求自己到達與他人一樣的終點，這是不公平的，而這種不公會導致嫉妒和焦慮，平白增添對生活的怨氣和不滿。但如果你接受人與人生來境況就不同，接受「不同的起點，同樣的努力會有不同的成就」，這樣就不會有無謂的煩惱。

無論出身怎樣，努力都很重要。如今一說「努力」，就感覺是在喊口號，實則不然，它就藏在日常生活的一點一滴中。有個朋友跟我說，他剛結婚那時什麼也不會想，就知道上班、做事、賺錢。這就是努力，因為他不會去想忙得再多有什麼用、哪天才能買得起房子。

知道努力很重要的人，都體會過努力帶來的好處。當一個人沒有努力過，或者曾經努力過但是看不到自己的付出，只將成果歸因為幸運、事情簡單這些外在的因素，那麼他一定經常體驗到無法掌控生活的無力感和焦慮感，也就對未來多了力不從心的感覺。

比如我有個案主，當我們談到從小到大有沒有為自己驕傲過，她說唯一對自己滿意的就是成績好，但是她認為這很容易，原因是任何一個智力沒有缺陷、認真聽課、按時完成作業的學生都可以取得好成績。可是很顯然，在任何年代，在每個學校，智力正常、認真聽課、按時完成作業的學生都有高下之分，這又作何解釋呢？所以**努力很重要，看到努力有用更重要**。

如果你先天條件一般，也沒有那麼好的行動力，那麼讀書思考也是一個讓自己獲得美好生活的途徑。這不是說書讀得多了直接就可以有所成就，而是說讀書（各個領域的書都要讀，不是只撿喜歡的讀）多了就會思考，思考不通就有與人交談求解的動力，然後你會從不同程度上理解這個社會的結構以及它的運行規律，比如政治、經濟、生產、資本，以及它們之間的關係和邏輯。理解這一點非常重要，因為它會讓你看到自己的社會座標，你每走一步都知道自己將要去哪裡，哪怕行動力緩慢一點，你終究明白年輕時候多做些事不是浪費，而是儲蓄，這樣也不會有無謂的焦慮，不會老想著「我做這些到底有沒有意義，我什麼時候才能擁有想要的生活」！

選擇一樣真正喜歡的事情去努力

如果年輕與閱歷只能選取一樣，我想大多數人還是會選擇後者。

我在二十三歲以前也寫文章，但從來沒有在任何公共平台發表過。當時有個年長的老師看過我寫的文字，他說我文筆雖然不錯，但是沒有內容。我聽見這話恨不得找個地洞鑽進去。

但是寫得不好就不寫了嗎？我寫給自己看還不行嗎？我把我的觀察、思考和情緒一股腦地寫下來，什麼也不圖，只求有事可做，這個事情可以讓我和這個世界緊密連繫在一起。

現在我知道了，當我自認為生活很艱難的時候，寫文章這件事能夠一直堅持下去，得益於我的內驅力。也就是我想要自發地去追尋某個東西，而不是說這個東西很有用，它能給我帶來哪些世俗的好處等，我為此才「發憤圖強」。後者指的是外在動機，外在動機驅動的事情一般會帶來耗竭感。

隨著年紀漸長，同時增加的還有領悟力：我結了婚，需要面對和公婆的關係；我生了小孩，需要知道如何才能讓小孩受到較少的創傷；我讀過很多書，對其中一些我並不瞭解的領域充滿興趣，並認為只有讀更多的書才能將其中一些內容串聯起來。我還學會了怎樣去愛一些人，也知道怎麼拒絕不喜歡的人與事。這些都要靠經歷去思考，而這些經歷與思考所需要的時間是「年輕」二字所不能承受的。

十幾年來我沒有被寫文章所累，相反，很大程度上它是我用來梳理頭緒的工具。這讓我想到一句詩：好風憑藉力，送我上青雲。

但你說，我透過寫文章獲得財務自由了嗎？並沒有，可我不能說以後不會！我透過寫文章獲得巨大成就了嗎？也沒有，我不過出過一本書，有些人覺得還可以。我的諮商工作也會繼續做下去，我喜歡和案主有內心情感的交流，並透過他們看到我自身的陰影。

總之，我對自己目前的生活和工作很滿意，一是因為有些願望我已經實現了，二是因為我能看到自己是怎樣從年輕、蒼白一步步走到現在的，我沒有理由忽視那些一點一滴的付出。所以我相信未來也不會壞到哪裡去，該有的都會有。

我們如何不再焦慮？至關重要的兩點是：**把一切交給時間；看到你曾得到的一切。**

◆讓我們在追求中停止迷惘

青春不是資本，努力過和努力著的青春才是資本。就算時光易逝，我們也不必被太多憂慮和擔心所累。拋棄那些憂慮和擔心，身上的重擔就變輕了。每個人都有權利和毅力追求想要的人生，不如想想「我最喜歡什麼」、「我可以做什麼」、「做什麼可以讓我只專注過程而少想到結果」，你的能量和資源就藏在它們之中。

第 5 章

親密關係溝通
享受真情互動的滿足

「關係」一定有來有往，有要求有妥協，有商量有拒絕。
重要的是我們敢不敢說出自己的需求、
敢不敢相信別人能夠善待我們；
更重要的是當我們遭到拒絕的時候，
我們能不能相信是他人的能力有限，
而不是我們自己不夠好？

當今社會，婚姻只是一種選擇而非必需

女人一定要結婚才是幸福？

我去參加心理學的培訓，發現幾個老師和一些學員都處於未婚狀態，她們有的三十出頭，有的將近四十歲。說實話，當那些培訓專案中規定的書目和分發的大量作業讓我沒有時間和精力完成的時候，我非常羨慕那些單身人士。在我看來，她們不需要操心小孩得病了怎麼辦，或小孩的作業完成得怎麼樣，也不必挪出精力來安頓家庭的大小事情。她們只要安頓好自己就可以了——想在興趣愛好上投入多少就投入多少，沒有他人來掣肘。

當我們在學員群裡討論「婚姻是一種選擇」的時候，有個學員B跟我們分享了一個她和閨密的故事：B也是單身，三十二歲，她有一個同齡閨密。本來閨密已經談婚論嫁了，但看B不急不躁，加之閨密最近對相戀五年的男友有些不滿，使提出「再等等看」。結果閨密的男友急火攻心，義正詞嚴道：「以後你就不要再跟你那閨密在一起了，她都把你帶壞了。」

閨密問：「為什麼是帶壞了？」男友說：「她在耽誤你，你看不出來嗎？現在不趕緊把婚結了，以後你就找不到好男人了！」

這個故事令我們唏噓了好久。

恰巧又有讀者向我說，她不屬於聰明人，拚著小命完成碩士學歷，如今工作兩年，正考慮跳槽以擁有更高的職位和收入，但是親媽連同好幾個阿姨輪番打電話轟炸：別那麼貪心了，你同學快要當媽了，你還是趕緊結個婚才是要事！

她非常憤怒，更多的卻是迷茫：小時候要向別人家的某某看齊，現在感覺自我價值已經超過別人家了，結果非但沒有得到肯定，還被換了個方式打壓。這到底是為什麼？

這讓我覺得，社會對於女性的期待總是很刻板，哪怕你的生活精彩、收入不菲，只要沒有結婚，就算不上幸福。就連綜藝節目《我家那閨女》，都有許多網友感慨這是催婚節目，據不完全統計，在前三期中四位女藝人總共被催婚二十三次。

似乎只有婚姻才能證明並發揮女性的價值，沒有婚姻，哪怕一個女人在其他方面再成功，也仍會被同情。同情者不會考慮自己有沒有同情的資格，而被同情者要嘛憤怒，要嘛隱隱有一種羞愧感。卻很少有人想過，為什麼婚姻才能表明女人的價值，這種思想觀念是怎麼來的。

如果一個女人不結婚，人們不會從她的主觀意願出發理解「她不願意結婚」，而是會暗地裡揣測她是不是有什麼毛病，比如身體有什麼疾病，心理有什麼創傷等，只要她被人接受、有婚可結，她就是「好的」，否則就是「不好的」。這是「物」的屬性——「物」有用才是價值，並不是「物」只要存在就是價值。

記得一個未婚女性在被催婚無數次後，無奈地對採訪她的記者說：為什麼所有人都關心我活得和別人是否一樣，而從不關心我活得是否幸福？我，憑什麼要活在別人的標準裡？

女人不被保護，就代表不幸福？

在靈長類動物中，只有人類會對糧食和資源進行最大程度的分享，婚姻也隨之產生。女性依靠男性獲得生活資源，相應地為家庭提供照顧義務。由於條件的限制，女性不直接獲得生活資源，在權力結構上就會失衡，從而處於被要求、被保護的位置。在歷史發展的長河中，人們逐漸形成了這樣的信念：女人不被保護就是不安全的，不安全哪有幸福可言！

然而，現代社會經濟飛速發展，尤其是今天，哪怕一個兩三歲的小小孩，都會很熟練地打開你的手機軟體，要你買玩具給他。經濟發展不可避免地帶來認知的分化。

不管你承不承認，人由於出身、受教育程度、朋友圈的品質以及對於思考的勤奮度不同，認知層次總會千差萬別，這樣個人在行動選擇方面就會有所不同，如此累積下來，生活狀況就會大相徑庭。

我始終認為，那些可以堅定自己的價值觀，願意嘗試瞭解自己想要什麼、適合什麼的女性，都是認知層次比較高的。她們面對社會對於女性的期待不盲從、不捆綁，努力活出自己的一片天地。

承擔決定認知，認知決定態度

我想起美劇《西部世界》，劇中大批模擬機器人被製造出來，以供人類消遣。其中主角迪樂芮說：「我的一生都被他人操控，有人一直在對我說『你必須』，而現在我覺得我發現了自己的聲音，它說的是『我可以』。」

「必須」和「可以」之間的區別是，是否有選擇。有趣的是，製造迪樂芮的人在創造她的思維時指出，意識是「由外而內行進的迷宮」，只有選擇（進哪個入口），才能到達中心（自我）。

選擇的另一面是承擔，在承擔的過程中，自我價值感能夠得以確立、或更好地確立。

我的閨密有個女同事，家裡父母催婚催了好幾年。起初她也煩，覺得結婚沒那麼容易，一來她比較宅，二來她的長相中等，比較自卑。但是她很聰明，她也發現自己在很多時候想法跟別人很不一樣，所以她就把更多的精力放在鑽研業務上，三年來升了兩級，收入增加了兩次。她在工作中受到的尊重抵消了長相帶來的自卑，但是她仍然不喜歡走出去。不過她不出去不是因為不敢出去，而是因為她感覺在家裡宅著更舒服。同時她也想明白一個道理：父母催婚是因為他們沒有經歷過總是不結婚的生活，這是他們本身的恐懼，跟她沒有關係；親戚催婚就當個笑話聽聽也就算了；至於到底結不結婚，以後隨緣吧。

她看到了自己的優勢，選擇走一條可以帶來尊重的路。期間她得到的篤定感就是她的自我價值。價值感並不是他人和社會賦予的，而是人自己體驗到的。

我還有個大學同學，剛畢業就結婚了，她有輕微的憂鬱傾向，覺得一個人無法生活。這雖然看起來是一種被動選擇，但她利用工作之餘看了大量的書，什麼書都看，然後她發覺很多領域都是相通的，這有助於思維的開闊。她覺得以當時的狀態養不了小孩，就堅定立場，無論公婆爹媽怎麼催生，她都不為所動，十年後才生了第一個小孩；在夫妻關係上她也常常表示感恩，弄到她伴侶覺得跟她結婚簡直就是撿到了寶。

她並不認為結了婚生了小孩就算完成任務了，反而覺得自我的發展有很多種可能，相比只懂得享受婚姻帶來的身分和地位的女性來說，她明白婚姻不過是個殼子，不放棄自我才能活出真正的價值。

◆ ◆ ◆

波赫士說過：「任何命運，無論如何漫長複雜，實際上只反映於一個瞬間：人們大徹大悟自己究竟是誰的瞬間。」

你知道自己是誰，可以做什麼不可以做什麼，你也知道自己的目標並願意為此奉上

畢生的精力，這就是價值感。當一個女人擁有了由內而外「長」出的價值感，總會有人不自覺地去愛她，而這種愛並不是捆綁的婚姻能夠實現的。

◆讓我們在自己的生活裡過得自在

- 在經濟不獨立的時候，除了賺錢什麼也不要想。
- 有自己願意為之奉獻一生的愛好。
- 學習愛護自己，包括身體和情緒。愛自己是一個非常好的習慣。
- 偶有狀態不佳時，不必將此歸結為沒人陪，要知道孤獨是任何人都會擁有的狀態。

好的伴侶關係是「愛而知其惡」

情緒不分對錯，但它對雙方的影響是同樣的

在網路上看到有人這樣問：觀念不同的夫妻讓生活疲憊不堪，該不該因此離婚呢？我看了一些人的回答，贊成應該離婚的言語犀利，似乎眼睛裡容不得沙子。認為不該離婚的則引用經典事例，將話說得非常適切。這給我一種感覺，後者是圓融的，前者是脆而生硬的，就像夫妻相處之道，不同的「道」會推演出不同的相處狀態。

其實，夫妻相處真的沒有那麼簡單，有人的地方就有矛盾，何況是朝夕相處的人。今天你用了馬桶沒有把坐墊掀上去，明天我把襪子和內衣一起丟到了洗衣機裡；今天我跟朋友聚會凌晨才回家，吐了一地讓你不高興，明天你又和姐妹們去旅行，完全不管我得了重感冒……那應該怎麼辦呢？吵架嗎？離婚嗎？關鍵是吵了架、離了婚，問題也並

沒有解決。為了分歧而分道揚鑣，下一段關係也許還會遇到同樣的分歧，又該怎麼繼續呢？

有人說，夫妻是個共同體，共同的方面表現在情緒、行為習慣、心靈成長等方面。我比較贊成這個說法。

眾所周知，情緒具有傳染性，一方因為壓力大而皺眉頭，另一方也不會輕鬆到哪裡去。

此外，愈是親密的人，愈是容易認同對方的投射。例如，丈夫最害怕別人認為他不會賺錢，當妻子抱怨家庭開銷不夠用時，她只是希望大家都可以節省一點，或者她自己也在焦慮小孩太小無法外出工作，但在丈夫聽起來那抱怨相當刺耳，於是他開始發脾氣，罵妻子嫌貧愛富。

妻子起初還會目瞪口呆，但是慢慢地她會為自己並不熟悉的思維方式找一條通道：「原來這就是男人賺錢太少的原因！」這時她開始真的瞧不起丈夫。至此丈夫已成功地將妻子變成了一個「我不希望你如此對我，你偏如此對我」的人。

在這個事例中，沒有誰對誰錯，也沒有誰無辜或有罪，只因一方太輕易地把自己不能接受的陰暗面投射到對方身上去，另一方又因關係緊密而在不知不覺中接收了這一點，於是雙方都感覺受到了傷害。夫妻對彼此關係的認知不夠清醒，才導致了生活的一敗塗地、面目可憎。

榜樣有巨大的力量

在行為習慣方面，夫妻雙方更是一個共同體。我曾聽一個朋友說，她在結婚以前從來不說粗話，但是丈夫由於成長環境的影響總是出口成髒，她很吃驚，也很生氣，再加上骨子裡與生俱來的強硬性格，她便也開始罵人。她罵起人來更狠，因為她文學水準高，她會將粗話和典故、成語結合起來，引得丈夫只能回敬她一句「世上最毒女人心」。

但一個人好的行為習慣也會帶動另一個人好的行為習慣。我的閨密在小孩入幼稚園之後，馬不停蹄地重回了她自己的專業，她的想法很簡單，只想找個適合的工作趕緊融入到人群中去，在家裡帶小孩實在是太單調了。

結果在她勤奮的學習中，她老公注意到她有很長時間沒有和他吵架了，一時竟有點不適應，緊接著就被她認真的態度吸引了，很自覺地把自己一直想考的一級建築師考完了。要知道，為了讓他認真對待這件事，閨密在當初耗費了多少口舌！

人常說，榜樣的力量是巨大的。往往是一個人開始讀書，另一個人也會注意到書；一個人愛發脾氣，對方只好發更大的脾氣才能與之抗衡。

楊絳和錢鍾書的故事眾所周知，楊絳就有一個好習慣：從不指責。錢鍾書在生活中特別幼稚，他的方向感極差，一出門就迷路；穿鞋子不分左右；在牛津留學時，他經常弄髒房東家的桌布、砸碎檯燈、弄壞門軸。楊絳對此沒有一句責怪的話，總是笑瞇瞇地說：「不要緊，我會處理。」楊絳是智慧的，她懂得「愛而知其惡，憎而知其善」的道理，意即愛一個人要清楚他的缺點，恨一個人也要明白他的優點。楊絳不介意包容錢鍾書的幼稚，作為回報，錢鍾書不僅成了一個「譽妻狂」，他也盡可能地讓楊絳開心——堅持為她做了幾十年的早餐，他不只是做，還做得精緻而道地，可謂用心至極。

感情的融洽不過是投桃報李的過程，一方寬容，另一方自然會在鬆弛中盡可能地給予。但如果一方採取「恨鐵不成鋼」的態度，占據道德高位而向對方進行說教，那麼就會招致對方的反抗、厭惡，甚至被動攻擊，關係也好不到哪裡去。人們也就只好拿「觀念不合」來說事了。

好的婚姻需要至少一方的心理成熟度較高

我曾看到過一則關於「觀念不合的伴侶應該分手」的故事，大意是說女方想去戲院看電影，男方卻說在網路上看就可以，沒必要花那個冤枉錢。女方感覺雞同鴨講，瞬間沒了交談的動力。

其實女方不過是想和所愛的人來一場浪漫約會，並不單純是為了看電影。如果她肯進一步理解男方，懂得他是個思考功能發達的理工男，一切以實用為主，可這不代表他對她的感情變了味道，那麼她就可以收起受傷的情緒跟他直接挑明：人家只不過想重溫一下熱戀時光，你就給一次機會嘛！這樣的話男方十之八九會開悟。

作為實用主義的男方，如果他足夠尊重婚姻，懂得理解是婚姻必不可少的條件，那麼他的腦子裡一定會多一根弦，至少問一句為什麼，而不是直接給出一個結束語式的句式，用以滅掉對方心中燃起的小火焰。

與其說好的婚姻需要高情商，不如說好的婚姻需要至少有一方是成熟的，成熟意味著理解、責任和包容，而不是賭氣、逃避和攻擊。

前者意味著一方可以帶動另一方的心靈成長，後者意味著雙方都不打算成長，只想待在被給予的孩童狀態。而兩個小孩玩扮家家酒，又怎麼可以滋養彼此呢？在如此耗竭的情況下感情分崩離析，又怎是簡單的觀念不合就可以了斷的呢？

私以為無論從哪個角度看，「觀念不合」都是一個偽命題，「夫妻是個共同體」才是個真命題。這是個婚戀自由的時代，多數夫妻處於同一個階層，愛好興趣沒有天壤之別，受過的教育也都差不多。

曾有一組資料顯示，近幾年來的離婚率不斷攀升，排在第一位的原因不是家暴、出軌或沒錢，而是生活瑣事。生活瑣事像密集的蟻穴，看似不起眼，但終有一天可能會蠶食掉婚姻的千里之堤。

可是婚姻本身就是一個「修行場」，夫妻沒有絕對的獨立，雙方在場中互相影響，一方的情緒和態度可能會引起另一方行為的改變，另一方的行為可能又會反過來引發這一方更激烈的敵意與口不擇言。這中間沒有對錯之分，也不應該有對錯之分，應該有的只是雙方都要盡可能地內觀自己，從而思考「到底發生了什麼，又是怎麼發生的，什麼才是更好的解決辦法」。

百年修得同船渡，千年修得共枕眠。弱水三千，我們不偏不倚正好取到你目前擁有的那一瓢。世上有那麼多的人，我們兜兜轉轉還是撞上了眼前這一個。這本身就是一種奇妙的緣分。

還記得多年前我的一位表姐經媒人介紹對象，因表姐長相極美，可挑選的人家足有七八家。有鄰里開玩笑地問我阿姨：「到底挑哪家才是對的呢？」阿姨說了一句意味深長的話，我至今都記得，她說：「挑到哪家，哪家就是對的。」

這話說得很有水準，我對此的理解是：少有人是被迫出嫁的，遇到誰，只要認真對待，那個人就是對的人。

婚姻需要認真對待，沒有誰和誰的觀念天生就百分百契合。雙方的相處之道表現在外在，就是盡量互相遷就，以人之長補己之短；表現在內在就是不斷地覺察自己，深信當自己改變的時候，對方也就改變了。從這個層面上說，婚姻經營得好，正是個人獲得長足發展的明證。

◆面對成熟情感的自我評量

不是所有的男女都適合做夫妻，但只要成了夫妻，就證明這段感情值得存續下去。假如結婚以前雙方看著彼此都很好，但慢慢卻變了味道，這不是對方變了或感情淡了，而是我們調整自己的機會來了。但這並不表示所有的問題都出在我們自己身上，也許對方真的有錯，然而改變對方遠沒有自我反思「為什麼我會和他在一起」更實在。

親密關係中，講道理是必要的

拒絕溝通只是在逃避問題

俗話說，家不是講道理的地方。言外之意是家務事最煩瑣，各人都覺得自己是對的，所以講道理無用，只會變成口舌之爭。於是很多人就把這句話當成了處理關係的法寶，本著「我不跟你一般見識」，或者「愈說愈複雜，不如不說」的信條，期待能夠大事化小、小事化無了。

越越跟我講過一件事：她公婆以身體不好為由住進了她家，她一再提出帶他們去醫院檢查，但他們一致說沒大問題，只要休息一段時間就好。然後他們開始實行真正的目的：催生第二胎，時不時便提到此事，說「一個小孩太孤單」、「某某都生了第二胎了」、「應該趁身體康健多生一兩個」云云。越越不勝其煩，只好表明自己的態度：

「生不生第二胎是我自己的事情，我不想生的時候誰催也沒用。」

公婆覺得自己的威信受到了威脅，進一步批評越越不懂事、自私自利，越越忍無可忍，說的話便不好聽了。爭執之間越越的老公打了她一巴掌，以致她帶著小孩在娘家住了兩個月，揚言如果公婆不離開，她就要去法院起訴離婚。越越的老公為了息事寧人，把他父母送回了老家，又接回了越越。

越越說，她並不計較公婆不講理，畢竟一個人的處事態度和觀念不是那麼容易改變的。她計較的是她老公對這件事情的做法和想法。

當越越問：「我們能不能談一談那件事？」

她老公就會說：「有什麼好談的？我父母不是走了嗎？」

「重點是什麼，你不清楚是嗎？」

「好了好了，留點精力考你的證照吧！」

越越因此心裡煩悶。又過了一段時間，她好不容易逮著個機會對她老公說：「對於你打我一巴掌，你不應該向我道歉嗎？」

她老公很奇怪地看著她：「我以為你看到我為你做的那些，你已經原諒我了！」

越越也很奇怪：「你為我做什麼了？」

她老公說：「我每天下班準時回來，很少出去打麻將了，我給你買了按摩椅，週末帶小孩出去玩，我做的夠多了吧？」

越越哭笑不得：「你以前也會這樣做，為什麼現在這樣做就是為了我呢？」

她老公逐漸生氣了：「你不要得寸進尺啊！」

類似的談話總是無疾而終，越越的胸口像堵了一塊石頭。其實越越只是想要老公給她一個真誠的道歉，明白自己哪裡做錯了——不僅是那個巴掌，還有公婆肆無忌憚地侵犯她的界限時他的不作為，甚至還當起公婆的幫手。當然，也許他一時不能意識到這有多麼不妥，畢竟他是在一個大家庭裡長大的，大家庭的事情不分彼此。但正因如此，才需要一次次的溝通。可是那個男人一副拒談的樣子，還表露出一種「你不要沒事找事」的態度，這令越越不得不懷疑婚姻繼續的意義。

用講道理學著不再假裝和諧

婚姻生活中會有很多衝突，但解決衝突的辦法就是去談、去溝通、去面對，而不是本著「清官難斷家務事」的想法拒絕「講道理」。人為了維持表面的和平而避免去碰觸衝突，只會讓整個家庭波濤暗湧，說不定哪天就翻船了。

常見的「不講道理」有以下兩種：

1 迴避溝通型

這指的是「自覺沒什麼可講的，一家人講那麼多顯得生疏，心知肚明就好了」。越越的老公就屬於這種類型。他只能意識到自己打人是不對的，但他覺得道歉未免太形式化和表面化，不如透過多做些事情來彌補，並一廂情願地認為對方和自己心照不宣。

但「人心隔肚皮」，雖然它的本意是說人心難測，並有一種感嘆的意味。可我總覺得這句話很鮮明，它生動地說明了在兩個人的想法和感受之間有巨大差異：你突然之間那麼好心，為家庭做了許多事，你不說為什麼，弄不好我會以為你無事獻殷勤，非奸即盜；我意識到在某件事情上對你的態度惡劣並因此感到愧疚，我不針對此事與你溝通轉而在其他事情上討好你，你便以為我是個無原則的人。

人心與人心之間隔著兩層肚皮——你的和我的，你以為的他人的想法不過是你的揣測，你沒有任何證據表明你的想法就是別人的想法。於是當一個人錯誤地以為「不用說那麼多，大家都清楚」時，家庭矛盾只能愈加白熱化。

指情緒上來了什麼道理都不講，沒辦法好好說話。這是因為這個不能好好說話的人的創傷被啟動了。

2 過度情緒化型

比如一個女人由於原生家庭的原因認同了「女人就應該站在男人的背後支持他」，且她幼年的生活恰恰是被要求做一個聽話的、乖巧的小孩，她的自發性興趣從不被認可。當她成年後進入婚姻，老公嘗試說服她放棄工作專心在家帶小孩，她會對此異常憤怒且害怕。其實她老公並不是一定要她放棄工作，只不過是想與她一起想個辦法讓家庭正常運行，但她不能碰觸這個話題，一旦提及就會情緒失控，以致老公只好來一句：「你怎麼這麼不講道理！」真正的事實卻是男人的話語激起了她被忽視、被貶低、被期待的創傷，而真正傷害她的卻不是眼前這個男人。

再比如有人在被要求道歉的時候，即便他意識到自己做錯了也死活不改口，還會自保式地辯解或攻擊他人。因為在他的認知中，道歉是一個屈辱性的行為，道歉意味著被羞辱、被貶低、被嘲笑，而不意味著勇敢和擔當。

因過度情緒化而不講道理的人，也有一些是已經習慣了用情緒化的方式去實現目的。我有讀者提到，她的父母因為她不結婚，會採取「一哭二鬧三上吊」的做法，而她又是極其孝順的，父母一鬧她就安撫說「等過了這段忙碌的時間我就去相親」，應付得多了，父母愈來愈不相信她，只能變本加厲地哭鬧，彼此之間也愈來愈不能進行理智的溝通。

因過度情緒化而不講道理，很多時候只是在純粹發洩，就像一個毫無理性的小小孩。例如婚姻中的一方時常感到憤怒和被虧欠，只要對方讓自己不滿意，自己就透過情緒化的哭泣、質問、反駁等方式來發洩胸中的鬱悶。實則並不是真的被虧欠，而是內心的匱乏所致。

◆ ◆ ◆

真正的講道理是在情感層面上進行的，比如我向你表達我的歉意，我會說「我錯了」，但不會僅止於此，我還會說明我哪裡錯了，我當時的心理活動和感受，以及我的錯誤給你帶來了什麼傷害，並保證下次我再也不會這麼做了。

許多事情並沒有意識層面的道理可講，只能透過情感層面的交流，弄清楚發生了什麼，這才能夠促進彼此關係的發展。相反，一廂情願地以己度人，或想當然地認為對方跟自己想的一樣，這只能推斷出許多事情不需要講明，也不屑講明。這樣的信念所產生的行為，常常使人憤怒，給人帶來嚴重的隔離感，從而使人覺得自己毫無價值。

家庭是個特殊的團體，裡面充滿了衝突和張力，這是正常的。一旦沒有了衝突和張力，彼此也就不再需要和被需要，家庭也就沒有存在的必要了。

因此，我們每個人都應該學會不再假裝生活和諧，學會不再迴避矛盾。解決矛盾的創造性過程，也是讓我們獲得充實感和意義感的重要方式之一。

◆讓我們在溝通中愈來愈好

- 確定此時此刻要解決的事情或問題是什麼。
- 表達自己對這個事情或問題的感受，而不用「我認為你應該怎麼做」的句式。一旦「應該」出現，「對錯」就會出現，這是處理彼此關係的大忌。
- 只談當前的問題，不翻舊帳。

滿足我們對愛和「需要別人」的渴望

我們「需要別人」嗎？

看過王璽老師的一篇文章，名為〈每個人都不是一座孤島〉。文中描述了一個在孤兒院長大的小孩進入社會之後的絕望感。這個小孩對諮商師說：我覺得沒有人需要我。但是諮商師告訴他：可是你需要別人！

是的，別人需不需要我們，我們不知道，重要的是我們是否「需要別人」。

雖說人的本質就是孤獨，可正因為這樣，人才會有群聚的傾向。每個人都需要與他人連結，才不會被深深的孤獨感所淹沒。那些認為「沒有人需要我」的想法，其實背後的真實含義是「我不想和你有任何關係」。

對有些人來說，「關係」意味著耗竭

試想一個人在與他人的互動中，經常被指責、被要求、被期待、被索取，或他在求助時經常被冷漠地忽視，那麼他對「關係」的感受一定是不美好的。

小鴿就是這樣，她看起來很開朗，但是在家庭生活中，「關係」常使她產生深深的無力感。

有一次她抱著加起來足足有七公斤的棉被下樓去停車場，打算將棉被放到車裡，再送到附近的棉被行翻新。但是到了停車場發現車不在，她才想到昨晚老公喝多了酒，可能沒有把車開回來，但她已經沒有力氣再把被子抱回家了。就在那一刻，她感覺無比疲倦，又累又睏，那種感覺幾乎是瞬間襲來的。她崩潰地將被子扔在地上，又把自己扔在被子上，將身體蜷縮起來。

後來她向我描述當時的情形，說感覺自己挺可笑的。有路人問她：「小姐，你哪裡不舒服嗎？」她都沒有力氣說話，只能朝人家擺擺手。再後來，她的鄰居看她狀態不好，就給她老公打了電話。當時她老公正帶著小孩在遊樂園玩，接了電話就風風火火地趕來了，問她怎麼了，她只是說胃痛。

她老公抱起被子，帶著她和小孩回了家，其他的竟然什麼都沒問。也許當時的情形不適合進行任何問話。

回家後她才強打起精神對老公說：「如果我請你把被子送去那家店，再動手拆掉，請人翻新一下，你會去嗎？」她說這話的時候聲音有點哆嗦，她不知道自己在害怕什麼，甚至她明顯感覺自己有怨氣，但也不知道在怨什麼。

她老公聽了之後，雖然面部表情不那麼輕鬆（也可能是她的投射），但還是抱起被子按她的要求去做了。這令她大大地鬆了一口氣，身體中那種疲累的感覺也消失了。

這本是一個再普通不過的生活事件，卻引起她那麼大的情緒和身體的反應，深究原因，是因為她總是力圖獨自解決一切事情，能不麻煩人的就不麻煩人，包括和她最親密的伴侶。但如果據此得出結論，說她是一個勇於承擔的人，那就大錯特錯了。她不麻煩人，是因為她不敢麻煩人——她覺得對方不會答應，她也不相信可以得到對方的支持。

她的這種信念與她的原生家庭有關。第一，是因為她媽媽身上就有一種深深的無力感，在家裡，爸爸就是擺設，只負責賺錢回家，其他事情都跟他沒關係。小鴿認同了媽媽的這一部分。第二，是因為她媽媽的「愛」是匱乏的，當小鴿與她產生關係的時候，小鴿往往是得不到支持的。所以，「關係」對小鴿來說，就好像一場巨大的沙塵暴，她被埋得灰頭土臉，無力從中脫出身來。

「關係」耗竭，是因為我們從不「需要別人」

小鴿的那種「不會得到支持」的想法，有時是真的。比如她要求老公去做一些事情，老公的答覆很可能是「我太累了」、「等一下再去」（但是等一下可能就沒下文了），或他當時說完「沒問題」後繼續打遊戲，打著打著就把這事給忘了。這樣的事情經常發生，她就很生氣，生了氣就不想再跟他說話，不想說話就只能自己去做事。

但另一些時候，「不會得到支持」的想法卻未必是真的，就像她希望老公能把棉被拿去翻新，而他照做了一樣。當然更多時候，她並不是一個人在面對生活的壓力。老公會對她說：「你想幹什麼你倒是說啊，你不說，我怎麼知道你想幹嘛？」這句話正是她的痛處。因為她根本不想和他溝通，溝通對她來說，除了「累」沒有別的用處。

為什麼會累呢？

第一，累是「控制而不得」：當事物的發展方向不是自己想要的，且又不能改變時，累的感覺就到來了。比如小鴿支使老公做點什麼而他一直拖延，她不能控制他「馬上去做」，這個時候她是崩潰的。

第二，「累」還有另一個機制在起作用：如果小鴿能夠耐心一點，催一次不動就再催一次，他還是會去做的。畢竟小鴿的目的是希望老公能夠分擔。但小鴿會覺得「他憑什麼就不能主動一點呢，我又不是他媽還要哄著他」。她已經習慣把對方置於一個「他應該是某個樣子」的狀態，一旦期望與現實不符，她也是崩潰的。

總體來說，小鴿在與老公互動前，就預設了一個這樣的情況：他不會（按我的要求）去做。

其實，家並不是一個人的家，但小鴿卻似乎把自己放在主導位置上，暗自認定那是她一個人的家，其他人只要聽從她的吩咐就好。也就是說，她並不真正需要別人。

真正需要別人，才會產生良好關係

什麼才是良好的關係呢？這一定要滿足兩個條件：一是它是可以流動起來的能量；二是看到並尊重對方真實的樣子。

我想到一個朋友，她告訴我，她在假期或週末最喜歡去的地方是她舅舅家，她很喜歡她的舅媽。她舅媽是個很普通的女人，但她和舅媽相處，不知怎麼的，就是很舒服。她經常帶著女兒去舅媽家，和舅媽、舅舅、表妹一起做頓家常飯：有人負責摘菜，有人負責清洗，有人下刀工，有人喜歡烹煮。總之大家各自包了一點工作，一邊喜悅地交流，一邊做著眼前的事。沒有人抱怨你弄亂了廚房，也沒有人嫌棄你放多了鹽或糖，如果你不會用廚房裡新換的烤箱或壓力鍋，舅媽會耐心地教你每個開關怎麼操作。

朋友說：「舅媽的耐心是真的耐心，你從她的語氣和神情裡就能知道，她傳達給你的是這樣一種感覺：我對你和我們正在做的這件事非常感興趣。這是沒辦法騙人的。」

我非常相信朋友所說的「這個是沒辦法騙人的」，因為使關係通暢、生動的根本原因就在於：我對你感興趣，我和你在一起收穫的結果就是興趣，而不是你是否滿足了我的期待和願望。

我想，朋友的舅媽就是一個真正「需要別人」的人。正因為需要別人，才會對別人感興趣、耐心、沒有批判。與這樣的人相處，自然會很舒服。

每個人對「關係」都是有預設的，自己的愛比較多且有良好互動經驗的人們，對「關係」的預設是「我相信你肯定願意幫助我，如果你拒絕，那是因為你暫時做不到」；相反，覺得自己不配被愛的人們，對關係的預設是「你不喜歡我，也不會幫助我」。不同的預設導致「關係」向不同的方向發展：親密或疏離，融洽或衝突。

生活中發生過大量這樣的事實：每個人都希望對方能看到自己的困難並主動給予支援，這樣才能獲得被愛的感受；如果主動要求幫助，則像是乞求來的，一點都不值得欣喜。

但其實，「關係」一定是有來有往，有要求有妥協，有商量有拒絕的，重要的是我們敢不敢說出自己的需求，敢不敢相信別人能夠善待我們，更重要的是當我們遭到拒絕的時候，我們能不能相信是他人的能力有限，而不是我們自己不夠好。

如果想擁有一段良好的關係，就不要總暗示自己不配被愛。相反，要放棄受害者心態，**以合理的需求為目標導向，積極尋求與他人的連結**。別人需不需要我們，又會怎樣看待我們，真的一點都不重要，關鍵是我們是否能夠「需要別人」，以及我們怎樣看待尋求連結和幫助的自己。

◆讓「愛自己」成為舒服關係的起點

- 愛自己，才會勇敢地說出對別人的需要，而不是只有在被需要的時候才敢站出來。
- 愛自己，才會認為自己值得愛，對於拒絕也才不惱怒、不羞愧；即便被拒絕多次，愛自己的人也會認為是對方目前能力不夠或出於某種考慮而暫時不能答應，卻不會因此懷疑彼此之間的關係。

在溝通中讓親密關係持續運轉

交流並不等於溝通

有一對夫妻在平時生活中是這樣互動的：兩人散步回家，妻子做了一碗蕎麥麵，妻子還沒做完，丈夫已經吃光了。妻子問丈夫：「是不是很好吃？」丈夫回答道：「吃飯要吃到時間點上，餓過頭了或者還不餓，飯都不好吃；正餓的時候，再尋常的飯也像肉一樣，非常好吃。」

這樣的回答讓人不暢快，他完全不知道他妻子在表達什麼。她說一，他就說二，然後搬出一堆理論來證明他說的「二」是多麼的有道理。

這讓我想到我的閨密，有一次她下班後馬不停蹄地忙完家事，而她老公正窩在沙發裡玩手機，她倒也不生氣，只是說：「我的腰快痛死了。」她老公馬上來一句：「我的腰也很痛，要不我們去辦兩張健身卡吧？」她本來只是覺得累，她老公的話一出，她簡直怒不可遏：「你的意思是說，你腰也痛，難道我的腰痛就好了嗎？」她老公則一臉茫然地看著她。

生活中像這樣的互動數不勝數，你以為你是在跟對方交流，但你們卻沒有真正溝透過。交流不等於溝通。交流是在事實層面談論事件的對錯、好壞，以及怎樣才是正確的。而溝通則是在情感層面表達和接收情緒：我不在乎你說的正確與否，我只在乎你說的背後隱藏了什麼，因為我知道那些沒有被說出的才是真正的內容。

溝通讓我們活得滿足、充盈而真實

人是感性動物，沒有情感的流通，人的生命品質將大打折扣。當一個人能準確捕捉和回應另一個人的情緒時，另一個人就有了安全感。因為自己被理解了，對方明白自己在說什麼。這就相當於有了一個確定的東西，有它托著，我們不會掉到深不可測的地方去。

對於情緒層面的回應，有一個專有名詞叫作「被看見」。被看見的人總會獲得更多的自尊和自我價值感；而不被看見的人，也許不能稱作「人」，只是一個「物體」而已，沒有活著的感覺。

有個朋友跟我講了她做的一個夢：她在一間鬧鬼的露天倉庫裡遊蕩，她看見地上有一頭濃密的長髮追著她跑，她嚇得像提線木偶一樣攀上倉庫的牆頭，卻發現牆頭上也滿是頭髮，她只好又下來，逼迫自己回過頭去看那頭長髮到底是什麼。然後她就看見了一個小女孩，大概四五歲的樣子，白淨的小臉、齊腰的長髮，正哀求地看著她。她走過去，蹲下身來，抱住小女孩失聲痛哭。

我並不是想分析這個夢，我想說的是，她在第二天中午把這個夢講給了她所謂的「典型理工男」老公，那個男人一邊吃著飯，一邊一反常態地說了句：「你挺傷心的吧！」朋友說：「就憑那一句話，我就可以原諒他以前所有的心不在焉。」

我也深受感動。也許那個夢表達的情緒太明顯，以致再「木頭」的人也會有感覺。但朋友的老公沒做任何批判或問為什麼，只是回饋了她的真實情緒，這就足夠了。他「看見」了她的傷心，她也知道，他可以允許她傷心。她是輕鬆、自由的，也是被他尊重和看重著的。

當我們真正和對方溝通的時候，一個「通」字就代表了兩個人之間的暢通無阻，這是多麼美好的體驗！

為什麼如此多的人不知道溝通為何物

既然人與人之間建立真正的聯繫如此美妙，那為什麼太多人仍然在情感上拒人於千里之外呢？我們可以考慮以下幾個因素。

1 他們從沒有「被看見」過

當你粗暴地打斷小孩的哭聲，你只是嫌他煩，卻不懂得他裝不上玩具的挫敗；當小孩追問你去哪裡、做什麼、何時回來，你吼他管得多，卻不明白他「失去媽媽」的痛苦到底有多深。你只看見了事情的表面，卻沒有看到情緒本身。在類似的反應和回饋下長大的小孩，當然也沒有能力「看到」他人的真實需求，只能在事實層面進行交流。這就是代際傳遞。

2 時代因素

在很長時間裡，我們的社會不太講究「個體化」，而強調服從。「服從」意指行為，且只關注行為的對錯，不在乎感受。似乎感受是無用的東西，它只配待在陰暗的角落自生自滅。當整個社會都如此的時候，個人很難把自己的感受攤在天空下曬太陽。

3 受過創傷

記得很久以前看過一個真實的故事：一個上大學的女孩放寒假回家時，把自己省吃儉用的錢用來買了一束百合花送給媽媽。她本以為媽媽會很高興，但媽媽卻破口大罵，罵她是敗家子，罵她不好好學習只知道幹些沒用的事，罵她不懂得父母的辛苦。什麼時候想起來什麼時候罵，居然罵了整整一個假期。從那以後，這個女孩在文章裡寫道：我再也不相信我的善意和表達美好的舉動會被溫柔對待，我再也沒有興趣去做了。

在你的記憶裡，是不是也存在著一些像這樣被誤解之後失去原有信念的細枝末節呢？

4 缺乏溝通意識

曾有一個男性讀者問我，為什麼女人那麼矯情，總也哄不好。我說：你知道她需要什麼嗎？他說：她要我買一條什麼牌子的裙子送給她，我說錢都在你手裡，想要什麼自己動手不行嗎？我又不小氣！她就不幹了，一個星期沒有理我，我都不知道做錯了什麼。

很多時候「不知道做錯了什麼」就是最大的錯。如果你知道「錯」在哪裡，還可以改變，而不知道，就相當於它是不存在的。沒有什麼比「我用情感伸向你，你卻用邏輯和公式回饋我」更讓人傷心的了！

穩定溝通，迎向幸福

1 建立溝通意識

有人說，對話的資訊是分層的，第一層是事實層面，也就是一件事情的過程是什麼；第二層是認知層面，是我對這件事的態度和看法；第三層是情緒層面，我透過訴說這件事，我真正想要表達的需求是什麼。

我們至少應該瞭解，當對方向我訴說的時候，其話裡有三層表達，哪怕我還不清楚這三層表達的具體內容，但我可以做好傾聽的準備，慢慢搞清楚他到底在說什麼。

2 誠實地表達自己

我們得不到想要的，不是因為對方不給或給不了，只是因為對方不知道我們想要什麼。也許我們在成長過程中由於某些原因，只能透過哭鬧、耍脾氣、冷戰或其他拐彎抹角的方式才能得到想要的；也許我們什麼都不想要，只是想被安慰，被哄一哄。你要知道，伴侶並不是當初的父母，你和父母之間的情感連結是斷的，並不代表和伴侶之間的情感連結也一定是斷的，至少你可以勇敢地把想法和感受說出來，去試一下嘛！

③ 找一個你在他面前可以「被看見」的人去溝通

心理諮商師最有「看見他人」的能力了，你可以找一個諮商師，在每週固定的時間去談自己的感受。當你的各種奔流在胸中的情緒被命名、被理解，你也就擁有了在情緒層面與他人溝通的能力。

④ 看到自己的脆弱和需要，學會愛自己

只有先讓自己充滿能量，才有能力去關注他人。不給自己設置「應該」這個按鈕，做什麼事情要從自己的需要出發，哪怕對於某些不得不做的事情，也要去體會它背後的動機，然後把「不得不做」變成「我選擇做」。當我們發現自己內心深處的願望，我們就有了足夠的動力去實現它，這將會令我們充滿能量感。

⑤ 鍛鍊自己的情緒捕捉能力和情緒回應能力

當我們聽到一些不中聽的話或負面情緒語言時，這是我們鍛鍊自身情緒捕捉能力和情緒回應能力的絕好機會。因為感受來源於我們自身的需要，只有當需要沒有被滿足的時候，人們才傾向於用責怪、埋怨、憤怒的語氣去跟旁人互動。此時我們不妨全身心地傾聽，放下先入為主的批判去體會對方的心情，然後及時將自己捕捉到的資訊回饋給對方。

◆ ◆ ◆

馬歇爾・盧森堡博士在他的著作《非暴力溝通》中說道：「如果今天的世界是無情的，那是我們的生活方式造成它的無情。我們的轉變與世界的狀態息息相關。而改變溝通方式是自我轉變的重要開端。」

當我們明白，只有溝通才能讓人與人之間真正地連結在一起，從而讓愛意流淌，我們也就不難做到改變自己原本不適合的溝通方式了。自己變了，周圍的世界也就發生了改變。愛，會在我們與他人的真情互動中漸趨豐盈，這才是幸福的源泉。

◆讓我們的愛得以傳播

- 交流是指人與人之間表面上的談話，溝通講的是努力達到對對方的理解。
- 對說話的人來講，重要的不是他說了什麼，而是他為什麼這樣說，他真正想要表達的內容是什麼。
- 如果想增強溝通和理解他人的能力，首先要看對自己的覺知和理解有多少。只有理解自己，才能理解他人。

懂得幸福婚姻的良性運轉比例

幸福就是在平淡中快樂

閨密過生日，七歲的小女兒要為她買花。兩人去了社區附近的花店，女兒用自己的零用錢買了幾枝玫瑰和一束小雛菊。回家後兩人興致勃勃地剪枝、插瓶，女兒的陪伴和體貼令閨密心裡美美的。

晚飯時閨密老公打電話說：「今天我有事，晚上不能回去了，明天再給你補過生日。」閨密嘴上說好，心裡卻想：好奇怪呀，我根本就沒期待你給我過生日。

到了第二天下午，閨密早早做好了晚飯，每個人喜歡吃的菜都好好地擺在餐桌上。閨密老公比平時晚回來半小時，回家後便說：「我下午本打算訂一家西餐廳的，沒想到一直到下班，我辦公室總是有人來。」閨密笑笑，說：「收到，謝謝。」老公不明所以。閨密解釋說：「你這話就算送我的禮物了，心意比禮重要。」

她老公本來是個靦腆的人，聽她這麼說，不好意思地撓撓頭。事後他才告訴閨密，明知道她生日還沒有為她慶生，他真害怕她不高興、賭氣，因為以前她就是個難纏的人，誰要是忽視了她，她一定會鬧個沒完。

後來閨密跟我說，以前太年輕，覺得能嫁給所愛的又愛自己的人，這本身就是個很隆重的事，只有轟轟烈烈的承諾、表白、儀式，才配得上那份不平凡。但不知從什麼時候起，這個想法開始改變了，生活趨於平淡，她覺得那些小安穩、小確幸、小歡喜更能讓美好的心情持續發生作用。它們像糖，白開水喝久了，稍微加入一點，就有了不一樣的滋味。

這簡直是莫大的智慧。

想起白岩松說過這樣一句話：「人生只有5%的快樂和5%的痛苦，剩下90%都是平淡。」而痛苦的人善於把90%的平淡變成痛苦，快樂的人善於把90%的平淡變成快樂，這才是人能獲得幸福的「天機」。

悠哉生活的智慧

常言道：「人生不如意之事十之八九。」即便那些小小的幸福可以讓美好的心情更持久，可那些十之八九的不如意呢？會不會蓋過或阻斷那十之一二的快樂？那就要看你善於把90%的平淡變成痛苦還是快樂了。也許你可以從下面這一反一正的例子中看出端倪。

小晴嫁了一位博士老公，起初幾年過得順風順水，後來隨著老公的科研事業發展壯大，他們家的收入也水漲船高，但煩惱也隨之來了。

小晴的老公有一個姐姐和一個妹妹，都住在鄉下，今天姐姐家的小孩要接受更好的教育，明天妹妹家又要蓋房，後天父母的身體又出問題了，這些花費都是小晴的老公在承擔。小晴就很不滿意，吵得家裡雞犬不寧。後來她想了一個很極端的辦法，在四十二歲高齡又生了一個小孩，以為有這個小孩「補缺」，她老公就不再把家裡的錢拿出去給姐妹和父母了。

誰知老公的想法是小孩還小，稍微給小孩存點錢夠用就好了，父母家的事他還是該怎麼管就怎麼管。另外由於小晴的年紀稍大，身體狀態跟不上，帶小孩就有些吃力。她心裡經常充滿著怨氣，覺得是老公導致了她現在困難的生活。一旦有任何不快，她都會將原因歸結到「老公不顧家」這件事情上來，繼而大發脾氣，甚至歇斯底里，弄得兩個小孩也戰戰兢兢。

其實外人都能夠看明白，小晴的老公拿去照顧父母和姐妹的那部分錢只占他收入的很小的一部分，並不影響自己家庭的正常運轉。但小晴在意的是，老公的底線不是自己的底線，換句話說，假如她可以改變老公的底線，她就滿意了。但現實證明這是不可能的，因此小晴就無休止地陷入了「改變他人而不能」的挫敗和憤怒中，致使自己的生活變成了火災現場。

另外一個事例來自蘭蘭，她是我表妹的一位朋友，偶爾向我諮詢一些婚姻中的問題。前段時間她無意中在她老公的手機上看見一條陌生女人發的訊息，問「你什麼時候可以過來」，她便認為他出軌了。

我問她：「你有證據嗎？」她說沒有，自己就是看到了那個訊息，質問他，他說那就是一個歌廳的客戶經理，隔段時間就會發消息催促她的客戶們過去消費辦卡，這是很正常的。

我又問：「你信嗎？」她久久不說話。兩個小時後她發了許多語音訊息給我，言語間全是憤怒。但她的憤怒不是針對老公，而是針對自己的媽媽。原來蘭蘭在看到那個訊息之後非常震驚，慌亂之下首先想到的是給媽媽打電話。媽媽很生氣地責問她：「他說什麼你就信什麼嗎？男人哪有承認自己出軌的？這個事你得時刻不停地逼問他，他才會對你講真話。」

蘭蘭本來覺得自己沒有證據，老公的說法也很誠懇，之前他也沒有過這樣的行徑。她想，要不事情就這麼算了，可是媽媽的話讓她覺得自己很糟糕。

我又問她：「你到底想怎麼做呢？」

蘭蘭是個聰慧的女人，從那以後她再沒傳過訊息給我。直到一天我去逛街偶然遇見她，問起令她掛心的那件事，她說：「都過去了。」她還說，她本身不想離婚，她老公也不想離婚，既然這樣，追問他到底有沒有出軌有什麼意義呢？有證據就擺證據，沒有證據就只能選擇相信他。這相信是真的信，而不是一邊說相信一邊疑神疑鬼。這是不讓自己煩悶，也不給生活添苦的唯一可行的辦法，畢竟婚姻中不是只有出軌這一件事值得探究。

蘭蘭的聰慧在於，她在面對出軌這種婚姻中比較大的事情時，並沒有把它當成過不去的坎，她選擇的做法是以維護親密關係為目標，所以她的生活才沒有因吵鬧和憤怒而變得痛苦。

心態平和的生活有滋味

婚姻不總是充滿了密集的快樂、激情和鋪天蓋地的幸福，也不總是處在痛苦、糾纏和悲傷中。正常的婚姻是5%的快樂、5%的痛苦和90%的平淡之組合，是大部分的瑣碎日常拼湊出的平淡中，點綴著一些小快樂和總會過去的小坎坷。按照這個良性比例運轉的婚姻才能夠美滿和長久。

生活中的大喜大悲都是極少數，且它們都與現實有關，比如個人取得了什麼成就，實現了什麼願望，連帶著看對方也親切可愛起來。再比如身邊人或自己生了什麼重病，或面對重大分離，這的確會造成痛苦，但這些都是能夠看得見、意識得到的，投入精力集中去解決，痛苦就不會無休止地存在。

反倒是大喜大悲中間的過渡地帶，那些90%的平凡歲月，更容易讓人在幻想中滋生痛苦。那些痛苦包括對美好生活的期待最終落空所造成的失望，包括自我存在的迷失，也包括認知錯位導致的偏激和不公平感。

是的，大多數人的痛苦都是由痛苦的情緒造成的，而不是由現實造成的。假如我們擁有平和的心態，善於發現平凡的不凡之處，那麼生活也會變得有滋有味起來。同時，現世安穩的經驗也告訴我們，**坎坷不是常態，因此不必癡迷那些難耐和痛苦，它們終究**

會過去。

我們都應該學會將眼光放得長遠一點，想想正在遭受的這些痛苦，如果放在幾年後還算不算得上是痛苦；想想正在經歷的這些小歡喜，如果不仔細體會回味，待日積月累是不是就流失掉了許多幸福感。

看淡痛苦，回味幸福，這是深諳婚姻的良性運轉比例之後，自然誕生的看待事物的內在法則。有了這個法則的保駕護航，那些人生中大多數的平淡歲月將會變得熠熠生輝，我們也將因此成為快樂的人。

◆心態決定我們人生的樣態

大多數痛苦都是由痛苦的情緒造成的，而不是由現實造成的。痛苦是一種主觀感受，面對同樣的事物，不同的認知會導致不同的痛苦程度：有的痛苦難以承受，有的只是淡淡的一層憂傷。人生中的大喜大悲各占5%，剩餘的90%都是平淡。如果跟自己過不去，這90%的平淡也會變成痛苦的經歷。如果擁有樂觀的心態，大多數的平淡就會像加了糖或蜜的白開水，解渴、健康又具有迷人的味道。

第 6 章

正向感情建立

培養收穫幸福的能力

有幸福的能力就是有「可以體會當下的美好」的能力，
雖然當下可能並不美好，只看你從哪個角度去理解。
世界的樣子就是你願意看到它的樣子。

幸福是一種能力，而不是一種狀態

幸福很容易，但也很困難

有個當會計的朋友告訴我，她把原來的房子賣了，又借了一筆錢，換到市中心一間六十坪的樓中樓。從買房子到裝修，整整半年她每天都興致勃勃，不厭其煩地找人裝修、看設計圖、買材料，一年後搬進新居，快活了沒兩天，整個人就又回到了先前對居住環境有諸多不滿的狀態。

她對我說：「你說我追求什麼呀？沒搬家的時候興高采烈，住了大房子後覺得也不過如此，挺沒意思的！」

這好像是人們生活的常態。前幾天有個曾賣房子給我的房仲店長拉我去看一個新開賣的房子，他雖然年輕，卻很能幹，短短兩三年時間，他就從一窮二白到名下擁有兩套房產，還開了一輛「四個圈」。但在看完房回來的路上，他忽然說：「唉，買這車買後悔了！」我問為什麼，他說：「沒啥意思，還背了不少的貸款。」

我想到我自己，以前非常喜歡畫畫，因為可以賺到稿費。那時候還住在大學裡，所有的信函都要去收發室拿，每個月我覺得時間差不多了就開始往收發室跑。從跑收發室到拿到匯款單，再到去郵局取出匯款，這是我感覺最幸福的時候。然後，這幸福感很快就消失了，直到下一次收到匯款單。同時我還有一個很奇怪的想法：難道這就是我想要的生活？這生活也不怎麼樣嘛！

你瞧，雖然人們都在講，「我一定要幸福」，但太多人不知道幸福為何物。以前我也不知道，但隨著閱歷增長，讀了很多書，以及以諮商師的身分和案主深度交談，我漸漸領悟到，原來幸福是一件說容易很容易、說困難也很困難的事情。

而這世上大概有三類人不知道幸福是什麼。

1 抱有「等我……的時候就好了」想法的人

有個公益廣告是這樣的：「等你長大了媽媽就享福了，等你考上大學媽媽就享福了，等你結婚了媽媽就享福了。」其實用腳指頭想想就知道，這個媽媽從來沒有享過什麼福，因為她把自己的幸福寄託於外部世界，如果外界的人和環境能變成她想要的樣子，她就認為自己是幸福的。可實際情況是，人的欲望是無限的，滿足了一個還有下一個等著你，所以你想幸福就只有不停地追，但這會產生兩個結果：一個是永遠不滿足，永遠不幸福；另一個是欲望或目標達到了，你不再有其他想法，這樣你就憂鬱了。

所以「幸福不是一種狀態」，不是「我開上奧迪就快樂了，我住上別墅就幸福了」，你擁有了奧迪仍然會覺得不幸福，因為你想要瑪莎拉蒂；你住上了別墅，卻恨不得再擁有一座莊園。

2 「習得性無助」之人

「習得性無助」是指人們對於生活中哪怕很小的困難都無力去改變，只能任由自己在困難中淪陷。這樣的人無論如何也談不上幸福。其中「習」字非常關鍵，意思是「學習」，就是說他的無助、任由自己淪陷的做法，是他在以往的生活經驗中學習來的。

我們學習識字可以讀書看報，學習文化知識可以考上大學，學習嘗試錯誤可以獲得解決問題的方法；然而學習逃避會讓自己永遠陷於困境。

3「今朝有酒今朝醉」型的人

有這種想法的人對自己的評價很低，因為他們不想未來、沒有目標；不懂得延遲滿足的重要性，想要什麼就要馬上得到；沒有長遠的打算，好像以後怎樣與他們無關；對於必須要做的事情則是能拖延就拖延。

比如收入少，那沒關係，反正我花得也不多；多年以來都待在同一個崗位上，那也沒關係，我淡泊名利；面對一些新鮮事物和奇思妙想，一般也是不接受或無動於衷的，因為想太多沒用。他們看不到自己的內在價值，或者認為價值需要交換才能得到，所以他們只能一邊及時行樂，一邊覺得生活無趣。

幸福是一種體會當下的能力

以上說了三類不懂得幸福是什麼的人群，那麼擁有什麼樣想法或信念的人就可以得到幸福了呢？

既然幸福不是一種狀態，那它是什麼呢？

它是一種能力。能力又是什麼？

能力包括很多種，比如我們說一個人擁有思考力、活動力、視力、聽力、想像力……然而還有一種力量叫作感知力，那是對人、事、物的感覺和對這種感覺的整合能力，感知力敏銳的人對於外界的刺激反應比常人要激烈。

幸福是對快樂、美好的感知力。誰的生活中也不缺乏快樂和美好，缺乏的是對它的感知。感知不到，幸福再多，也不覺得幸福。

這一點常常讓我覺得匪夷所思——周圍客觀的事物並沒有發生改變，但如果人對它的感覺發生變化的話，世界也就改變了。因為世界是什麼樣子，取決於你感受到的它是什麼樣子。

有讀者對我說：「我的幸福都在過去，我只有在懷舊的時候才會覺得幸福。」我認為這個說法是不對的，如果懷舊才美好，那麼現在這一刻呢？你懷念過去的某一刻，請問那一刻你真的快樂嗎？你懷念某次旅遊，但當時是不是感到焦慮呢？你懷念學生時代，學生有升學的壓力，那時你的未來還不可知，你真的覺得幸福嗎？你懷念初戀，那個戀愛的過程中就沒有誠惶誠恐嗎？假如現在的時光都用來懷念從前，那麼以後的時光也會懷念現在，但現在真的很美好嗎？

如果沒有體會當下的能力，所有的懷舊都不是幸福，因為過去的每一刻都曾是當下。感受都是當下的。就好像有句話說：「好了傷疤忘了痛。」傷疤證明你受過傷，受傷的當時你一定很痛，那個痛就是當下的感受，過了那個當下你還能體會到當時有多痛嗎？你只是記得當時很痛，卻忘了那種痛是什麼感覺。

幸福的感受也一樣是當下的。好比我正在寫文章，工作之餘起身去客廳喝水，卻看見客廳的地板上一片狼藉，玩具、布料、黏土粒、玉米粒扔得到處都是，那是前一天小寶的傑作。以前大寶小的時候我看見這樣的場景會心生焦慮，甚至憤怒，因為我會想：「又要收拾半天，沒有一個人能幫我的忙，難道我生來就是為了打掃的嗎？」可現在我看見的是亂糟糟，心裡感受到的卻是幸福，因為我換了心態，我會想小寶還小，她也只有在這樣的年紀才可以搞破壞，等她以後長大了、上學了、離家了，我想讓她需要我，她都可能不耐煩。至於房間很亂，有力氣就收拾，沒力氣就讓它亂著，這沒有什麼。

所以，有幸福的能力就是有「可以體會當下的美好」的能力，雖然當下可能並不美好，只看你從哪個角度去理解。世界的樣子，就是你願意看到它的樣子。

幸福不在過去，也同樣不在未來，因為未來的都是欲望。千萬不要有「等我……就好了」的想法，這個「等我……」就是欲望。假設欲望是有限的，那麼當你實現最後一個欲望，你就很可能陷入憂鬱中，因為再也沒有目標了。但其實欲望是無限的，當你以欲望的實現作為幸福的基石時，你得到的只是焦慮而絕不是幸福。

那是不是人就應該沒有欲望呢？

人生來就是有欲望的，人也有滿足自己欲望的需求，但我們可以做到的是，不為得不到的而痛苦。怎麼做到呢？只要想想「**得到了也不一定幸福，因為還有下一個欲望**」就好了。也就是說，我們可以為未來打拚，但同樣能體會當下的快樂。

如果不能體會當下的快樂，那麼時間流逝的就是空乏，人生歸於蒼白，蒼白怎麼會幸福呢？

當下的快樂是什麼呢？是那些註定會被時間帶走的東西：現在我們耳聰目明、容光煥發；我們的身體依然有力，依然保持著對未知事物的熱衷和思考力；我們的小孩雖然需要操心但都還在身邊，我們一家人都還好好地在一起……我們擁有的如此之多，還不夠幸福嗎？

◆現在起，讓我們培養收穫幸福的能力

- 看到自己擁有的東西，不要以為它們是理所當然的存在。
- 感恩自己擁有的，未曾擁有的不必多想。
- 把心思放在當下，慢慢去做一件事，並仔細體會那些所思所想。

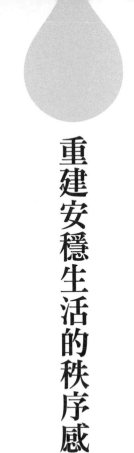

重建安穩生活的秩序感

焦慮導致人們總愛問「我該怎麼辦」

大寶同班同學的家長，某次遇見我並得知我是心理工作者時，強烈要求跟我聊一聊。她說到自家小孩的各種小毛病，懶惰、執拗、粗心大意、沒有上進心和主動性，以及自己對小孩前途的擔心和焦慮。最後她問我：「你說我該怎麼辦呢？」

我說：「聽起來你家小孩就是一個正常的青春期少女，小孩沒問題，是你太焦慮了。」她說：「我是焦慮，可我這焦慮都是有原因的呀，要不是小孩這麼難管，我才懶得焦慮！」我聽這話的意思是：是外界和他人導致了她的焦慮。也就是說，是環境導致了「我」怎樣，而不是「我」怎樣去適應環境。

同樣的情況，還有一個讀者留言給我說：我看了你的書，感覺很受啟發，但很多事情還是讓我很痛苦，比如……，你能告訴我，我該怎麼辦才能不痛苦嗎？

我經常收到類似的留言，說實話我不能做到無動於衷，如果可能的話，我很想設計出來一款萬能產品，只要按一下開關，人的麻煩和問題就能全部解決，可惜不能。

後來我研究總結了一下，那些詢問「我到底該怎麼辦」的人們，都是怎麼想的。

❶ 拒絕看到自己的問題所在

他們認為環境和他人是導致自己困難、擔心和焦慮的原因，如果環境和他人一如自己的想像，或在自己可接受的程度、範圍之內，焦慮也就不存在了。這個認知本來沒有問題，可問題是，一切都在變化，自己卻是不變的，沒有誰有權利和能力要求變化的一方要適應不變的一方。另外，焦慮的人容易被控制，但是被控制的事物會反彈，反彈之後的結果會進一步加深焦慮，這是一個惡性循環。只有當人們意識到焦慮是出自本身——要求太高，幻想太多，過去一直生活在不穩定（情緒或生活）的環境中，過於恐懼等，從而調節自身以配合外界，情緒上的困苦才能得以緩解。

❷ 期待他人給自己方法

這就像一個病人來到醫生面前，他把自己交給醫生並謹遵醫囑，然後認定自己的病就可以好了。他從來沒有想過他的生活方式也許有問題，他不願反省或改變生活方式，只把獲得健康的因素交由他人來定奪，並認為一定有什麼明確的方法，只是他目前還不知道而已。

❸ 只想一躍而起，跳出目前的困境

這讓我想到「熱鍋上的螞蟻」，因為受不了高溫而團團亂轉。你也許會說，誰在那樣關係到生死存亡的情境中都會忍不住想馬上跳出來。但有一些人，他們的耐受力非常弱，對於客觀上並不那麼困苦難熬的情境，其主觀上也是不能忍受的。

耐不耐受才是重點

遙想我自己在青春期的時候，讀過一本池莉的小說，上面有一句話是這樣寫的：

「……這就是生活！」

當時年少，不懂這話的含義，只覺得它聽起來有一種無奈卻樂在其中的感覺。我心想，有什麼好開心的呢？雞毛蒜皮，一片狼藉，一堆事務壓在身上，小孩哭大人急。如果這都能忍受，生活還有什麼意義呢？

但人到中年再體會這話，總算諳透了它傳遞的深意——生活是龐雜的，只有你想不到，沒有什麼不會發生。不可預料的事情發生了怎麼辦呢？焦慮嗎？憂鬱嗎？這只能說明我們從來沒有準備好接受，或根本在抗拒不可預料的事情的到來，我們只想將生活控制在自己設想的範圍之內。可是，那不是生活，小說都不敢這麼寫。

如果你認定，這才是生活：老公出軌、小孩叛逆、父母重病、自己破產……噢，不，這不是生活，這是生活事件。能夠成為生活的是：**你在這一個或一連串的厄運中，是怎麼體會並發展自己的耐受性的！**

看過一篇網路流行的文章，內容是講一個原本幸福、自由的媽媽，在小孩三歲多時發現小孩患有自閉症。她和家人拒不接受醫生的診斷，她還曾一度想過要死。但是當她靜下心來，無數次地問自己：難道人生就這樣停在原地嗎？這樣想的時候，她覺得生命是存在祕密的，她的任務就是發現自己和小孩生命中的祕密。她試著去瞭解自閉症的小孩，發現自閉症兒童有個最明顯的特徵，就是思維刻板、固執、接受不了變化。於是她想，每當小孩尖叫、哭鬧的時候，是不是由於周圍的環境發生了一些常人沒有注意到的變化。她由此作為切入點，更細膩地去體會小孩的感受，直到小孩的情感發展愈來愈讓人驚喜。而她在陪伴小孩的幾年中，因為少了自私和焦慮，多了對現狀的理解和接受，所以能夠沉浸於生活，也取得了不少個人成就：出了一本詩集，學了古箏，有了自己的瑜伽工作室，並計畫出版一本「陪伴記錄」。

這位媽媽沒有選擇去死，也沒有憂鬱、一蹶不振，也沒有到處問「我該怎麼辦」，急切地想從不能忍受的情境中跳出來；相反，她接受了現實，並將自己投入到對小孩的理解中，去體驗那個不容易被理解的情感世界。這就是生活。她透過對小孩的付出，間接地發現了自己是那麼的值得欽佩。而這份對自己的信任和肯定，很難說不是造物主特意送給她的禮物。

耐受還有一個名字，叫等待

如果上面那個故事離我們很遠，我還有一些更普通的有關耐受的故事要講。

很早我便喜歡一部電影──《美味關係》。它講的是上一代的美食家茱莉亞寫了一部美食書，下一代的美國女孩茱莉非常喜歡她，便照著她的美食書每日實踐，並開了自己的部落格，將實踐中的想法和經歷一一記錄上去。朱莉打算記錄整整一年，並希望有限的粉絲能鼓勵她。

美食實踐的過程並不都是美好的，她因為切不好雞而崩潰大哭，也曾因睡過頭而煮壞了一鍋牛肉。她一度覺得想像很豐滿，現實卻很骨感。但她還是做滿了一年，並因此擁有了大批粉絲，好幾家出版社開始聯繫她，她成了一個小有名氣的人。

有位作家曾在她自己的一篇散文中寫到過這部電影，她寫一個家庭主婦百無聊賴，不知道生活的意義是什麼，便在無聊中開始每天研究一道菜，就像電影中的女主角做的那樣，做好做壞都不管。慢慢地她發現生活好像起了變化：她和伴侶的關係緩和了，自己也不再覺得心意難平……

於是在文章的結尾，她這樣寫道：「如果你覺得生活無聊，就去堅持做一件事吧，最後你會發掘出不一樣的意義來！」

嗯，是這樣，當你覺得生活很艱難的時候——艱難有可能是現實層面的，也有可能是心理層面的——不妨找件事情堅持去做。但是，這個「堅持去做」又可以分成兩個方面，一是堅持去做點什麼，二是什麼也不做。什麼也不做，也是堅持去做點什麼當中的一種。

對於現實層面的艱難，重點是去做點什麼；但對於心理層面的艱難，重點卻是什麼也不做。因為，等待很重要。

某天我去見我的諮商師，我向她絮絮叨叨地說了我與小寶互動的近況：小寶老是吸鼻子，我擔心她在某次重感冒以後遺留了鼻炎，就帶她去耳鼻喉科檢查了一下，結果沒有任何問題。由此我覺得，這可能和某種情緒上的緊張有關係：剛升入小學，離開了原來寬鬆的幼稚園環境，不太適應。這麼想著的時候，我知道我什麼也不能做，我得克制自己一再提醒她「這樣不好，這是個壞習慣」。我裝做什麼也沒聽見。一個多月以後，我神奇地發現，她不再吸鼻子了。

我對諮商師說了我的結論：雖然這一個多月，我也過得很艱難，但我的耐受能力得到了空前的提高。

諮商師對我說：親愛的，你做到了等待，這是送給小孩最好的禮物！

等待和耐受有一些區別

我一直以為自己是不善等待的。我們的家族遺傳的都是A型行為人，高估時間的流逝速度，做事快、行動迅速、缺乏耐心。讓這樣一種人學會等待，應該是件不容易的事。可是當我知道，對某些事情我除了等待，再沒有更好的辦法時，我也就學會了等待。奇怪的是，在真正等待的時候，是沒有痛苦的。

有個朋友曾經跟我講過一句話：「耐受本身並不痛苦，耽於痛苦中不耐受，才痛苦。」我知道她對於困難的耐受力非常高，也聽出她的話是想表述「只要等待就好了」。

一般人可能以為耐受和等待是一個意思，都是「將一切交給時間去抉擇」。但有必要指明的是，耐受重在表達「我在承受（困難）」，等待重在陳述「我在觀望（困難發生變化）」。

具體說來，耐受指的是我與困難不分彼此，只是我的承受力比較大，困難才難不倒我；等待指的是困難不是我，我也不是困難，我只要做好該做的，環境或他人發生什麼變化，那是它或他自己的事情。

我認為，等待要更勝一籌。一來，將困難與自己分隔開來，更有助於搞清楚「我們可以為自己做些什麼」。二來，人不是全能的，人只能優先做好可掌握的一切。

在電影《愛的萬物論》中，霍金說：「人類一直渴望瞭解世界潛在的自然法則，什麼都是有界限的，但人類的努力應該是沒有界限的。我們千差萬別，不管生活看上去有多糟糕，總有你能夠做的事情，並且能夠成功。有生命的地方就有希望。」

所以對待生活，我們一方面要窮盡自己的努力，做好該做的，另一方面要對未來懷有希望，這就是等待。等待是努力之後的淡然。淡然的我們會將一切交給時間，無論它給我們帶來什麼結局，我們都會深信，那已是最好的！

◆讓我們在認識自己中穩定生活的秩序

當我們覺得生活很糟糕的時候，很重要的一點是將自己與情緒分開。懂得糟糕的情緒或心態並不是我們本身，我們需要將它單獨拎出來，像看一個外物比如一棵樹或一座大樓那樣，去審視自己為什麼容易被它觸動，從而發現情緒背後那個真實的自己。

在生活的洪流裡穩住自己的格局

大格局是支撐生活的有力框架

二〇一九年四月二十日，一代鋼琴大師巫漪麗在新加坡維多利亞音樂廳出席音樂會時，因體力不支而暈倒，隨後在送往醫院的途中與世長辭，享年八十九歲。

巫漪麗一九三一年出生於上海，美籍華人，旅居新加坡，是中國第一代鋼琴家。她六歲開始學琴，九歲師從著名音樂家梅百器先生，十八歲便成為上海奪目的鋼琴演奏家。二〇一七年六月，她榮獲世界傑出華人藝術家大獎。

有媒體這樣評論她：「世間又少了一位有意思的人。」

看到這則新聞時，我想，「有意思」大概是說，大師巫漪麗一生只熱愛一件事：鋼琴和音樂。除此以外，哪怕她生在一個生活困苦、思想動盪的年代，哪怕她的個人生活因社會變革而顛沛流離，她依然從自己的熱愛中獲得了巨大的情感支持。她的心是「大」的，她只愛自己熱愛的，其他的事情都是小事。

她是如何熱愛音樂呢？她認為，音樂的重點是人，琴聲便是表達情感、與世界交流的語言，因此指法和技巧雖然重要但不是重點；她會和她的學生說音樂家和曲子背後的故事，以增加學生對音樂的理解和興趣；她還發明出一套形象的「進化論」來引導學生，比如學生剛開始彈琴的時候，她說彈得像「大象」，很笨重，接下來有進步了，她說像「黃狗」，再接著練，會像「公雞」、「小鳥」，愈來愈輕盈；她引導年幼的學生沉浸在音樂中，而不是將樂曲「數位化」為多少拍、一天練多少遍。

這就是一個音樂家對音樂的熱愛。沒有這份熱愛，她無法做到將絕大部分精力與音樂連結起來，看似她在堅持一件事情，實際上她投入的是情感。而情感是有滋養力的，有它做底蘊，一切事物都不會枯燥或令人耗竭。

大格局是你想做並擅長的事

很多時候，名人的故事或存在會給我們提供一個生活的範本：我們也可以像他們一樣擁有一個「大」的格局。當然這不是說我們要多麼優秀或成功，而是說這個大格局會讓我們獲得穩定感——任憑生活不易，我們依然堅守本心。那巋然不動的感覺難保不是我們每個人最希望擁有的品質。

我想講兩個朋友的故事。第一個朋友，她在中學時遇見了一個溫柔又博學的國文老師，這讓她開始癡迷古代漢語，後來考大學時她招架不住媽媽的阻撓，填報了一個完全不相關的科系，但是大學四年以及畢業後工作的十年，都沒有澆滅她對古代漢語的熱愛。因此三十三歲那年，她決定考研究所。當時她兒子還小，公婆又由於他們自身的原因而對她的小家庭多有干涉，在吵過幾場架以後，她很乾脆地選擇另外租房居住，同時接一些家教之類的兼職，很艱難地開始了她的研究所之旅。三年以後，她如願拿到了錄取通知書。現在她很開心地從事著喜歡的工作，並以她喜歡的方式生活著。

對她來說，她覺得自己最大的幸運就是有想做的和擅長的事，為此她可以從繁亂的婆媳關係中迅速而乾脆地脫身，還自己一方清淨安穩的天空。

第二個朋友是我的高中同學，她在大學畢業後進入老家的公司，結婚、生子、升職，樣樣都比我們早。按理說她是很幸福的，但幸福來得太早，會讓人不知不覺間卸掉自己的力氣。她扔掉了她的興趣和才能，以前她喜歡畫漫畫，她會在我們各科課本右上角的書頁上畫不同動作的小人兒，隨手一翻，那些小人就動起來了。現在她的注意力大多放在老公有沒有出軌，公婆妯娌有沒有虧待她，以及女兒是不是才華出眾上。生活稍微有一點兒風吹草動，都會讓她焦慮、失眠。尤其近幾年，據說她每次在大街上遇到同學都會拉著他們說個沒完，說自己受到的不公，以及她的不甘心。

我們都喜歡說生活很艱難，有這樣那樣的事需要操心，甚至操了心還有許多事情不盡如人意。似乎我們使盡了力氣，生活卻把我們踹得很遠。我想，這個原因並不在於生活不易，而在於我們沒有「大」的東西可以填滿內心，我們內心裡只有那些小的、瑣碎的、毫無重點的東西，它們使我們的精力分散、失衡，這才有了諸多解決不完的煩惱。

一如我的某個讀者跟我交流的那樣，她經常覺得胃不舒服，想吐，每天糾結於要不要去醫院做個胃鏡檢查。但她兩年前做過胃鏡，不過是淺表性胃炎。但現實中胃的不適感的確讓她感到很煩躁，她就每天想著這個事情，愈想愈覺得生活無望。

其實胃和情緒緊密相連，她也曾自我分析說，她在心情好的時候吃什麼都是香的，吃完胃也很舒服，但這種時刻很少見。有意思的是，當她因胃的問題去看中醫時，大夫對她說她應該找些事情去做，這比吃中藥管用得多。

大格局也是為所愛之人付出精力

我還有另一個朋友，她曾經出軌半年。有人說，無論男女，出軌都是有原因的。的確如此。

這個朋友工作努力，很得主管賞識，在家裡也很能幹。可是她的老公偏偏屬於「油瓶倒了都不會扶一把」的懶人。於是她在一場公司年會上遇到了一個很會照顧女性，又心思細膩的客戶，兩人的情感一發不可收拾。

當最初的甜蜜沉澱下去，她忽然發現對方也有很多問題，比如他需要她更多的理解與支持。這個時候她的內心就不平衡了，因為捫心自問，她也並沒有付出過足夠的理解與支持給她老公。老公即便很懶惰，那也是因為她沒有明確地說出過她的請求，她不敢將無力、自戀卻真實的自己暴露在老公面前。同樣是付出，同樣是展露真實的自己，為什麼不向她兩個小孩的父親展露呢？曾經他們也甜言蜜語，發誓共度一生啊！

於是她和老公長談了一次，她向老公傾訴自己這麼多年以來的累和委屈，請老公多多體諒她。結果她老公說：「今後你別再那麼操心了，你不操心我自然就去操心了！」

至此她才明白「在關係中受的傷要在關係中修復」這句話的真正含義，但這個關係一定要是真正的、合適的關係。她也明白了如果婚姻出現問題，在出軌和離婚之外，絕對有第三條出路，這條路就是：把婚姻中的對方當成真正在乎的人，為了小孩的成長，也為了自己的成熟，不遺餘力地為對方付出精力。這樣在關係中獲得的自我反思，以及為解決困難而做出的努力，也會是生活的一大亮色。

◆◆◆

也許你並不出色，但你有在乎的人，並願意為他們付出；也許你做著普通的事，但你可以從中找到樂趣，並且深諳這樂趣對於你的意義。

面對生活，我們不妨「放大」格局：我們有自己的熱愛，並為之持續地付諸行動。「大」不代表人、事、物之大，而在於我們是否將自己傾情投入。有了這個大格局，我們的精力和情緒就不會被無謂的瑣事干擾或帶偏，它是支撐生活的有力框架，而這個有力的框架，恰恰是我們的內在。

◆讓我們做一個生活裡帶大格局的人

- 問自己的內心：我喜歡（做）什麼、我認為什麼是有意義的。
- 也許自己喜歡或認為有意義的事物並不明確，那也沒關係，把所有有可能的內容都羅列一遍，慢慢地讓它清晰化。與此不相關或相反的事物則堅定地放棄。
- 生命沒有確定的意義，追尋本身就是大格局的表現。

正能量的朋友是一盞明燈

負能量叫人提不起勁

朋友傳訊息向我抱怨，說她最近半年和一個同事走得比較近，但那個同事常讓她感覺很不舒服。

怎麼不舒服呢？朋友買了一套韓國化妝品，屬於中檔偏高一點的價位，她的同事便開始大呼小叫，說朋友的薪資不算高薪，竟然捨得用這麼貴的東西，還說朋友的老公是妻管嚴，老婆這麼能花錢都不敢吭一聲。

朋友很生氣，卻又不願跟她辯駁，一來自己的觀點別人不一定接受，二來幾乎天天見面，何必把關係搞得劍拔弩張！

這樣的小事時常發生，漸漸地那位同事也愈來愈過分。朋友趁商店打折的時候買了一件皮草小外套，準備天冷的時候穿。那位同事看見了，做出一副痛苦加惋惜的表情說道：你知道我想到什麼嗎？我想到那些可憐的小動物，它們就是人類存在的犧牲品。我一摸到那些動物皮毛就覺得毛骨悚然，你還敢穿！

朋友愕然，心情很複雜，她既覺得自己做錯了，又不知道自己錯在哪，因此她將自己的委屈和憤怒一股腦兒倒給了我。我回覆她說：別老覺得自己做錯了，一沒偷二沒搶，花自己的錢買自己喜歡又力所能及的東西，招誰惹誰了！

後來我又補了一句：和負能量的人保持距離，如果你不想那麼難受的話！那邊傳了一個「擁抱」加「偷笑」的表情給我，看來她感覺得到了支持，心情放鬆了不少。

◆　◆　◆

也許每個人身邊都有負能量的人存在，跟他們相處你會覺得疲倦、無力。負能量的人可以分為很多種，除了上面說的「貶低他人」型，還有「自我貶低」型，「倒苦水」型、「無意義談話」型、「偽正能量」型等。

❶「自我貶低」型

他們總認為自己哪兒都不好，看起來很謙虛，但那種謙虛常使人壓抑。哪怕你一再表明，事情沒有他們想像的那麼糟，他們也沒有他們自己認為的那麼不堪，但他們還是在跟你較勁似的，認為你說的不對，他們想像的才是對的。就像一個人倒地不起，你使勁拉著他，他卻仍躺在那裡。最後你筋疲力盡，只想快快逃開。

❷「倒苦水」型

他們會把自己對生活的不滿通通甩給別人，比如伴侶不理解、小孩不聽話、主管看我好欺負總是讓我加班等。他們全然不管別人耐不耐煩。其實這背後的邏輯不過是「我沒錯，全都是別人的錯」或者是「全世界都欠我的」，這樣的邏輯常常會給身邊的人帶來壓力，畢竟沒有誰願意成為那個「錯的」和「虧欠別人」的人。

❸「無意義談話」型

這類人不會思考，只談世俗之見；只想交換觀點，卻不問這個觀點是怎麼來的；看起來是在聽人講話，心裡想的卻永遠是自己。看起來這一類型的人不像是負能量之人，但他們的內心缺乏生命力，總是人云亦云或自我中心，與他們相處會使人消沉或產生倦意。就像一個「裝在袋子裡的人」，與他相處不能談論情感，只能談論「袋子」，那種僵死的感受簡直太折磨人了！

❹「偽正能量」型

這種人看起來正能量滿滿，其實卻是「偽正能量」。比如你說「我現在情緒不好，剛被主管罵了一頓」，對方會說「這點事就想不開了？堅強一點」。這時你會有什麼感受？似乎事情不去想就不存在了，你好我好大家好，但只有你自己知道，你還有很重要的問題沒解決。「偽正能量」的人常常不接受他人或自己的脆弱和無力，並認為那是低下的，其實是他們內在的恐懼在作祟。

真正的正能量是理解和看到

真正的正能量是什麼呢？

很多年以前我去參加一個培訓，期間和另一個學員共同吃午飯。我們免不了會說一些自己的生活狀況以及對生活的看法。在聽說我平時除了帶兩個小孩、照顧家庭，也要經營網路社群和給雜誌寫稿子，另外還要發案子、擔任監修、不定時參加各種培訓時，和我一起吃午飯的學員很是欣賞地對我說：你太能幹了，你能完成這麼多事！

他的話像一隻橡皮錘，我的心被那麼輕輕一敲，居然有一種很輕快、很明晰的感覺。後來我仔細體會那種感覺是怎麼來的，我發現長久以來我真的做了很多事，但我並沒有正確評價它們；我經常覺得自己很忙，但瑣碎的一地雞毛時不時地拖我後腿，讓我很憤怒、很無力。

然而和我一起吃午飯的學員，他看到了我的精力所在，這也讓我得以看到我所做的所有事情的整體：我有能力搞定我的生活和工作！

從那以後，我不再覺得一地雞毛的瑣事是拖後腿的事情，相反，那是生活的真正面目；我愛它，它就會愛我。**有愛的存在，動力就會取之不盡，用之不竭**。

你瞧，真正的正能量是理解，是看到，是允許，是肯定。

我非常喜歡榮格心理學派做治療的一個原則：看到案主的資源。什麼是資源呢？是指已經擁有的東西，包括物質方面和精神方面。哪怕環境再惡劣，都是那些資源支撐自己到現在。

如果把這個原則放在生活中，則是看到身邊人的長處和優勢。比如上文提到的朋友，有一個週末她帶著小孩在我家玩了一個下午，後來她說：我該走了，得帶小孩去上英語輔導班。然後她嘆了一口氣，又說：煩死了，為什麼我要去做這件事？我老公只需要上班就行了？

我笑了，對她說：不要抱怨，你應該這麼想，有這麼可愛的小孩陪著你，你老公卻很少有這待遇！

她有幾分鐘沒說話。然後她抬頭，眼睛特別亮，她說：好奇怪喲，如果換個角度去想的話，我是很幸福的一個人！有個正能量的朋友真好。

難道她一直以為自己不幸福嗎？她的工作好，小孩成績好，老公在大事上都能給予支持，她已經太幸福了！只不過這些她都已經習慣了，所以感覺不到。所謂的正能量，不過是讓她看到自己忽視的那部分。

去交讓自己感覺好的朋友

我相信每個人的身邊都不乏正能量的人存在，他們很少抱怨，遇到問題能夠積極解決，不會把自己的不滿和擔心扔到外界去讓他人承擔；他們頭腦清晰、邏輯清楚，知道一個問題不是只有一個角度和看法，懂得怎樣做能讓自己更舒服。

情緒早在人的進化之初就已存在，因此很容易透過無意識進行「傳染」，無論是好情緒還是壞情緒。現在大多數人的生活節奏都很快，背負的痛苦和壓力也很大，產生的負面情緒也比較多。生活原本就很艱難了。如果不懂得分辨，總是和負能量的人待在一起，那就只能互相傳遞消極情緒，令生活每況愈下。

而正能量的人是一盞明燈，他的靈魂是發光的。和這樣的人相互交流、取暖，我們自己也就慢慢擁有了諸如不鑽牛角尖、不給自己洩氣、不吸引糟糕的人與事這樣的特點。如此，我們的生活便會「好風憑藉力，送我上青雲」了。

◆讓我們尋找正能量的朋友

- 問自己，「和對方在一起，我有沒有感覺自己很不好，很壓抑，很憤怒」？如果是，請離開他。
- 對方是不是提供了不一樣的視角看問題，而那個視角是有利於自我發展的。
- 正能量的朋友不代表永遠讓人快樂，有些問題還是需要自己勇敢面對。

朋友是我們主動選擇的親人

朋友的前提是理解

什麼是朋友呢？朋友是我理解你的難處，我願意盡我所能去幫助你且不求回報。什麼不是朋友呢？滿足以下條件就是了：我壓根就不想瞭解你，你的事情跟我沒關係，但我用方便的刻板印象、狹隘觀念等去揣測你，或為了利益不介意去傷害你。

可是，你不能僅從一個人的外表和語言來確定他是不是朋友，而是需要透過時間和在你們之間發生的事情來確定。你的經歷是一個巨大的篩子，是不是朋友，篩一下就知道了。

◆ ◆ ◆

聽朋友講過這樣一件事：她公司有個新來的小夥子，原本是開髮廊的，還是那種隱藏在賣場內的店家，只服務商務人士的店，開得還挺成功。跟他合夥的是他的一個兄弟，兩人同穿一條褲子長大。這個小夥子非常信任兄弟，他永遠都忘不了自己小時候是鑰匙兒童，沒少在兄弟家蹭吃蹭喝。兩人的髮廊經營起來以後，他基本不管店裡的帳務，只是忙於技術上的事情。

這個小夥子後來交了女朋友，準備結婚買房子。當他打算從店面帳戶支出一部分錢付頭期款時，發現帳上幾乎沒有錢。這時兄弟才承認，那些錢都被他拿去還賭博的債了。小夥子非常生氣，說：「那不是你一個人的錢！」可兄弟卻說：「反正你暫時也用不到，我以後會還你的。」

小夥子不知道他的兄弟什麼時候有了賭博的習慣，他覺得兄弟一天不戒掉賭博，還錢就是奢望，他只好離開兄弟，選擇別的工作。他對我的朋友說了這樣一句話：如果他理解我對他有多信任，他就不會辜負這種信任！

很多時候，人們需要經歷一些挫折和困苦，才能在歲月的年輪中沉澱出誰是真正的朋友，雖然這代價有時候太大了。

朋友間的連結是彼此願意付出

很多朋友之間經常說這樣一句話：改天一起吃個飯！但也許，「改天」就是「永遠沒有這一天」。可能你覺得這個人不重要，可能你沒有時間，也可能你覺得外出碰面有太多條件限制，比如路程遠、塞車等，總之你覺得很麻煩，「一起吃個飯」不過是句禮貌用語罷了。

但是，如果你把對方放在心上，再沒有時間也會擠出時間，再累也覺得愉快，再麻煩也樂在其中。在此，你為對方付出了時間、精力，甚至興趣。這是一種「意願」，**沒有意願，「朋友」就只是平行線，永遠沒有相交的時候**。

有個朋友曾經講過這樣一個故事：她有個同事A出了車禍，在醫院裡躺了三個月，整天處於憂鬱當中。朋友平時非常忙，但還是和另外一個共同的同事，每天去醫院探望A。那不是一般的探望，她們每天輪流帶晚飯，為A洗澡，並很有技巧地聊天，為她排解心理上的痛苦。有一次A說口渴想喝水，但是拿來的水太燙，朋友就拿兩個杯子來回倒，好讓水涼得快一些。這本是個平常的動作，但是A哭了，她說：我只見過媽媽那麼對小孩，從你來回倒水的過程中，讓我覺得自己是個很重要的人，謝謝你讓我感覺到幸福！

當我聽到這個故事的時候，也不禁流了淚，我感受到兩個人之間深深的連結，即便有血緣關係的人也不一定能做到這個程度，但是真正的朋友卻可以。

朋友的基本認知是分享而非索取

我的一個表姐，傳訊息向我抱怨，說高中時期的初戀跟她重新聯繫，她本來很開心，畢竟兩人共同走過一段美好的時光，她感念那段時間，因此感念那個人。初戀問她：我們還是朋友吧？她回說：當然。

她遵守朋友之道，偶爾跟他分享自己的快樂，或在心情不好時剖析自己的想法給他聽。但是初戀的做法常常令她無所適從，甚至感到憤怒，比如他會直接發來一篇他家小孩的作文，說：「知道你書讀得多，幫我們修改一下吧？」或者連著三天向她倒苦水，說自己的工作如何不順，和主管相處如何艱難。有一次他竟要求表姐為自己即將考大學的兒子選一個科系，表姐忍無可忍，告訴他說：這事我辦不了，責任太大。初戀不滿，問道：難道現在的人都這麼現實嗎？表姐氣也不是，安慰也不是，索性再也不說話了。

事後表姐對我說：都說戀人分手後不能再當朋友，看來是真的！

我倒覺得戀人分手後並非絕對不能當朋友，需要看對方的心理特點以及他對朋友的理解在什麼層次。一般說來，自我中心、防衛心太重、競爭性太強的人都不會有真正的朋友。

自我中心的人只會無休止地談論自己和自己感興趣的事情，他不會想到別人願不願意聽，比如表姐的初戀。更有甚者，會毫不留情地指出你的缺點和害怕的東西，並表示「這是為你好」或「只是開個玩笑嘛」。說白了，這是不夠尊重，是個人界限感出了問題，與界限感不清的人交朋友，常常會令你發狂。

防衛心太重的人只是談論事情的表面，從來不顯露自己的情緒和情感。跟這樣的人相處你會覺得無聊至極，自然也沒有深交的興趣。但他不是故意的，他只是怕受到傷害，他的經歷導致了這樣的想法：只要敞開自己，就一定會被傷害。

競爭性太強也會讓人覺得索然無味，比如你講了一件事，表示「我男朋友對我有多關心」，對方也許會講另一件事，表示「你那不算關心，我男朋友對我更好，即便這樣我還是會把他踹了」；如果你說「我家小孩成績好，省心」，對方一定會表示「聽話比成績好更值得表揚」。你會覺得這樣的聊天只是浪費時間，沒有絲毫營養可言。

◆　◆　◆

朋友很重要，有時比親人更可靠。但想要獲得朋友，除了自己要有一定的同理心，情感通暢，並願意為對方付出之外，還有一個最重要的步驟，就是你要和他共同經歷些什麼。在經歷的過程中你才會發現對方的人格特點與你是互補的還是相斥的，是你所欣賞的還是你所厭惡的。

有句話說「付出也要看對方是誰」，確實是這樣，**只有感受到對方是值得付出的人，我們才能告訴自己：這個朋友我要好好珍惜**。同時，我們也需要放棄那些無謂地消耗自己的朋友，我們沒有義務為他人的匱乏買單。這不是自私，是自保。

◆讓我們找到值得珍惜的朋友

- 處於相同的社會階層，或在某些領域有交集，這有利於更好地理解對方。
- 對對方的一方面或幾方面感興趣，比如他的思想、他的生活方式，或是與他從小玩到大關係難以分割，等等。
- 朋友是需要主動聯繫的，但也可以做到沒事情就不聯繫。

珍惜每個當下，幸福就如約到來

幸福是一種對當下的關注

曾有個好友看著自己以前的照片說：「小時候只有夢想，不懂什麼是愛情，以為自己會打一輩子光棍……。」可是現在，他已經事業有成，婚姻和美。

而我，瞬間被他的話擊中了。他的話代表了一種普遍的心理：以為一時是什麼狀態，就會一直是這樣的狀態，我們沒有意識到**要爬到一個稍高的山坡上像看一條綿延的路一樣，看一看命運的轉彎處在哪裡**。

不過，命運不是一下子就轉的，而是在不知不覺中變化的，就像你的指甲、頭髮在靜默中生長一樣。只要你能為命運提供它所需要的「營養」，一如身體為髮膚所提供的那樣。

◆ ◆ ◆

我有一個朋友很能幹，大學畢業後沒幾年就考到了會計師證照，當她二十六、七歲，事業上風生水起的時候，同辦公室的中年同事勸她：「你趕緊結婚才是正事，工作不必那麼拚命。」她一度懷疑這才是金玉良言，也曾因此迷茫，因為她不知道拚命的意義何在，難道要這麼孤獨終老嗎？

可是又不能隨便抓個人去結婚，即便她想，也沒有人可以結；她離家很遠，家人就算操心她的終身大事，也是遠水解不了近渴。為了減少孤獨感，她去參加了朋友推薦的讀書會，聽各種各樣的人講自己對於某本書的理解，並學著去寫書評。然後，她經常感覺自己進入了一種「渾然忘我」的體驗，即對於某行為的專注狀態，這種體驗讓她著迷。當然，工作和書並不是她的全部，三十三歲那年，她在與讀者的交流過程中遇到了命定的另一半，兩人約定白頭偕老。

這個故事曾在很長一段時間內激勵著我，它讓我明白：**幸福是一種主動的選擇，當你的注意力更多地在當下的感受上，你就更容易獲得幸福**；當你的注意力更多地在擔心、憂慮和恐懼中，你就愈覺得永遠得不到自己想要的。

有關創傷的心理學研究證明，人的大腦是透過使用來獲得成長的，當你選擇感受當下的美好，久而久之，你的大腦就會學會並適應這種啟動模式，在這種模式的支配下，你自然而然就有了足夠多的興趣與膽量去向外探索以及與人互動；反之，如果你經常讓自己處於受驚嚇的狀態中，你的大腦就非常容易感知到事物的負面資訊。

所以，樂觀的人更容易獲得幸福，而悲觀的人更容易耽於不幸。什麼叫樂觀呢？不是說我相信我做的事情一定會有一個好結果，而是說我要忠於自己的當下——那些鮮活的感受或力所能及的事物，它們會成為支撐我的「框架」或「基石」，這種被支撐的感覺就是幸福。

幸福不是感受，而是能力

很多人錯誤地以為，幸福是一種狀態，此刻由於什麼條件、環境、人們怎樣對待我，使我的感覺良好，這個時刻我就是幸福的，反之則是不幸。似乎幸福取決於外界滿足我的程度。

其實不然，**幸福是一種能力，這種能力要求你必須有所選擇，選擇從當下的、「實在」的事物出發**，比如你的真實感受，你所擁有的資源，可以為你帶來安全與愛的「好」的關係；放棄那些「不實在」的東西，比如恐懼、擔心、憂慮，因為它們不是現實，只是想像。

電影《當幸福來敲門》中，克里斯．賈納與兒子一再遭受生活的打擊，當他們因無力支付房租而被趕走無處可去時，克里斯仍選擇在車站的候車椅上與兒子玩一場「時光機」的遊戲：他們假裝回到了恐龍時代，假裝為躲避恐龍攻擊而鑽進了某個「山洞」——廁所，並在那裡度過了饑寒交迫的一晚。這個遊戲將殘酷的生活演繹得淋漓盡致、令人動容。

克里斯痛苦嗎？當然！但是他絕望嗎？未必。在困頓的生活中仍不忘以遊戲的方式來保護兒子的人，是不會對生活絕望的！

電影的最終，克里斯成了一代富豪。但克里斯的幸福不在於他成了富豪，而在於他對當下的感知——有當下才證明你是活著的，真實地活著才能對自己的生存和快樂負責。假如沒有感受當下的能力，克里斯也許早就被沉重的生活給壓垮了。

幸福的人不是不會經受磨難，而是在磨難中仍懂得做好每一件當下的事。然後你會發現，該來的總會來。

就像上文的朋友，即便感到迷茫、看不到未來，她也仍然從當下現實的、可以做的事情入手，而不是為了填補焦慮去相親，或揣著一顆恨嫁的心每夜在孤獨中入眠。

幸福從相信自己夠好開始

你有沒有過這樣的焦慮呢？

- 我知道應該做點什麼，但我無法停止滑手機，反正我和我的時間都是無價值的。
- 我對生活沒有要求，人命天定，胡思亂想沒有用，我一輩子也就這樣了。
- 我想去努力一番，卻不知道這有沒有用，萬一得不到我想要的結果呢？
- 我這麼認真地去做，不知道生活會不會善待我一點？

我們的內心經常會被這樣那樣的焦慮所填滿。我們總是感覺哪裡不對勁，卻又不敢妄想太多，總是想努力卻害怕依然得不到想要的。這些焦慮其實都是「我不好」的想法所致，因此我們才對自己和自己所做的事情沒有篤定感，不相信自己會被生活厚待。

不如反問自己一句，我真的不夠好嗎？證據呢？我是不是用別人的眼光和標準看待自己了呢？難道我沒有權利按照自己的意願行事或追求自己想要的快樂嗎？

不妨想一想曾經擁有的吧：你為了某個興趣，學會了一項技能，那項技能豐富了你對世界的認知；某個時刻你突發奇想，決定去做一件事情，結果你做成了；你對你的行業一無所知，但是常年堅持下來，你發現自己竟然成了那行的高手……這些過程一定會讓你確定地意識到，你的所作所為都不會白費。

曾經我也以為，我買不起房子，找不到好工作，做不了自己喜歡的事情。我記得以前女兒小的時候，我會趁她睡覺或者做家事的間隙去看一下書，寫幾行字，偶爾還要應付考試，更多的時候是接受心理學方面的培訓。這些事情都要求我全神貫注地投注於當下，否則，一不留神，感受、體驗和大腦的思考就跟不上了。那個時候我也焦慮，不知道自己做的這一切到底有沒有意義。多年後的現在，我慶幸自己沒有浪費那些美好的時光，同時我很想抱抱那個時候的自己，並對她說：「**你不必焦慮，因為你已經做得足夠好了。**」

所以，不如把迷茫和痛苦交給時間，以後你會知道，以前的那些擔憂都是不必要的。不必要是因為以你現在的眼光來看，你知道你的付出都是有用的，你對它們很確定，就像你知道一間房屋裡放著什麼物品和傢俱，你輕而易舉就能找到想找的。熟悉的、確定的內容不會讓我們焦慮。

假設一間房屋對你來說是全然陌生的，你一定會有焦慮感。未來能不能幸福也一樣是不確定、不熟悉的，在此，我覺得最好的辦法就是做好該做的，同時不要想太多，因為一旦想得太多，注意力就不會集中在確定的當下，而是在不確定的虛無縹緲中了。

但願我們都明白，**時間會解決我們的焦慮，幸福不會虧待一直追求幸福的人**。

◆讓我們活在當下，等待幸福開綻的那天

- 人們喜歡懷舊，是因為過去是確定的、安全的，人們知道過去先發生了什麼，後發生了什麼，最後的結果又是什麼樣。
- 人們對未來迷茫，是因為下一刻怎樣誰都不知道。這種未知和不確定讓人擔憂。
- 對於未知的事物，我們能做的只有兩點：做好當下能夠做的；並放手、學會等待。

不再裝沒事，我允許自己不開心

作者｜高莉娟
社長｜陳蕙慧
副總編輯｜戴偉傑
主編｜李佩璇
編輯｜涂東寧
行銷企劃｜陳雅雯、汪佳穎、林芳如
封面設計｜耶麗米工作室
內頁排版｜簡至成
讀書共和國出版集團社長｜郭重興
發行人兼出版總監｜曾大福
出版｜木馬文化事業股份有限公司
發行｜遠足文化事業股份有限公司
地址｜ 231新北市新店區民權路108-3號8樓
電話｜ (02)2218-1417
傳真｜ (02)2218-0727
Email ｜ servicc@bookrep.com.tw
郵撥帳號｜ 19588272木馬文化事業股份有限公司
客服專線｜ 0800-221-029
法律顧問｜華洋國際專利商標事務所｜蘇文生律師
印刷｜中原造像股份有限公司

初版｜ 2022年05月
定價｜ 330元
ISBN ｜ 9786263141643（紙本）
9786263141773（EPUB）
9786263141780（PDF）

國家圖書館出版品預行編目（CIP）資料

不再裝沒事，我允許自己不開心 / 高莉娟著. -- 初版. -- 新北市 : 木馬文化事業股份有限公司出版 : 遠足文化事業股份有限公司發行, 2022.05
288 面 ; 14.8 x 21 公分
ISBN 978-626-314-164-3(平裝)

1.CST: 情緒管理

176.5　　111004986